1

2

3

1. 梧鳳百年茄苳樹下，是我十二歲時，第一次在教會主日學上課的地方。

2. 梧鳳教會。從溪湖教會設的佈道所開始，已有近六十年的歷史了。

3. 1988 年剛回台不久，在辦公室留下黑髮的照片，至今白髮蒼蒼仍在傳播基督之愛。

1

2

1. 在台時，女兒讀高中，兒子讀小學，全家常在一起。
2. 在美時常帶家人出遊，這是加拿大維多利亞島的世界級花園。
3. 與友人到紐西蘭海邊，喜歡看海鷗飛舞的美妙姿態。

3

全家福（右為女兒安盈、女婿 Joe，左為兒子貝藍、媳婦齊雅及孫女 Bethany）

1

1. 警察大學柔道隊載譽歸來並與梅可望校長等人合照（我在前排右一）。
2. 參觀以前囚禁人犯的「惡魔島」監獄，我背後相隔一水即是舊金山。
3. 帶警大 32 期的典獄長同學參訪菲律賓監獄，與菲國監獄署長（左四）合影。

2

3

1

2

3

1. 於台北看守所小組聚會，左上彈吉他是簡金銀傳道。
2. 有機會到台東戒治所教化，對受刑人諄諄教誨。
3. 陳進興因南非武官一家人傳福音給他而悔改受洗；身旁的葉俊麟是他的同房獄友，由陳進興帶領信主一同受洗。右為台北看守所駐所牧師蘇燦煌。
4. 與孫越叔叔入監關心探訪清大學生命案的洪曉慧。
5. 為獄中小組聚會的受刑人禱告。

4

5

1

2

3

4

1. 游媽媽入監寬恕殺子兇手，楊姓少年與他擁抱，修復正義，接納他如兒子。
2. 游媽媽到監獄探視楊姓少年。
3. 游媽媽受洗歸主，多人參加祝賀。
4. 更生人謝炳富新書發表會，孫越叔叔及張俊雄前院長都前去鼓勵他。

1

2

3

4

1. 接受前警務處長王一飛先生頒贈榮譽獎章。
2. 王建煊院長也很支持更生的工作。
3. 三個警大同學：左為陸榮良牧師（現為更生團契董事），右為徐正光所長(前在南投看守所，已蒙主寵召)。
4. 在綠島人權紀念碑前與張俊雄前院長合影。張院長這幾年都樂當志工，一起關懷受刑人。

1

2

3

1. 馬總統視察「天下第一村」，我分享駐監牧師三個月的心得。
2. 為教化受刑人，在「天下第一村」台南明德戒治分監住三個月；右為時任監長、現為典獄長的王文笔先生。
3. 台南明德戒治分監的房舍與外觀。

1

1. 榮獲觀護協會頒贈第九屆金舵獎，與馬總統合影。
2. 前法務部長王清峰頒發感謝狀。右為剛退休的前台北監獄典獄長方子傑。

2

2013 年 11 月與美國以馬內利教會胡清姊妹等人，赴柬埔寨關懷邊緣地區的華人子弟，希望栽培他們成為有用的人才。

1

1. 少年學園興建後的全貌，我每隔一、兩週都會去那裡協助。至今學園已收容過二百多位學生。
2. 孫越叔叔與宇宙光鼎力協助興建花蓮少年學園。最右為建築師趙世明及同工黃新德。
3. 感謝孫越叔叔的愛心付出才有信望愛少年學園（右二為趙世明建築師，左一為警大同學陸榮良牧師）。

2

3

1

1. 給孩子們最大的擁抱，創傷就得以醫治。
2. 帶學園兩兄弟有為、有倫去參觀台北 101，也去過美國。
3. 少年學園採收自己種的香蕉；香蕉收割時是「在叢紅」又香又甜。

2

3

1

1. 2013 年馬祖行，順便教阿兵哥學騎獨輪車，也送指揮官一部車騎。
2. 牽著兩個少年學園最幼小的孩子練獨輪車，自己也變年輕了。
3. 小孩子騎累了，大人就要適時助他們一臂之力，才撐得下去。

2

3

1

1. 2013 年騎馬祖島，遙望台灣，師生舉起手，喊「靠主得勝！」
2. 2009 年到蘭嶼經過廢核料掩埋場，覺得陰森森、怪怪的，都是水泥，像墳場，死氣沉沉，好可怕。

2

1

1. 2013 年挑戰馬祖島，不好騎，我在平地可以，太陡就沒辦法。
2. 2011 年挑戰澎湖島，澎湖很美，路又好。大夥騎得很順利，我落後許多。
3. 2006 年環島時，順便到花蓮七星潭騎獨輪車，旁邊有山有水，美不勝收。

2

3

2008 年赴綠島（即「火燒島」），騎獨輪車環島，一圈不到三小時，還能忍受。

白髮飛行少年

「台灣後山的心靈捕手。」

黃明鎮——著

CONTENT

CONTENT

【出版緣起】

致可敬的白髮飛行少年

飛行少年？是開飛機或玩滑翔翼的青少年？

不是！

「飛行少年」是「非行少年」的諧音，在日文的意思是指不正當或不良的行為；「非行少年」就是「不良少年」。

財團法人基督教更生團契總幹事黃明鎮牧師在接觸少年犯的過程中，發現家庭與教育對孩子的重要，以七年之力在花蓮創建了「信望愛少年學園」，關懷行為偏差與社會邊緣的孩子。

人生有二件最重要的事，一是父母的愛，另一件則是成功的經驗。

這群因為失親、失養、行為偏差、被家庭或學校遺棄，或被法院轉送到少年學園的孩子，已經失去家庭的溫暖——父母的愛是他人永遠無法彌補的，因此只能藉由一次次的成功經驗使他們找回自信。因此，二〇〇六年暑假，黃明鎮牧師以六十二歲高齡帶領三十位學員、二十天完成獨輪車環島一千公里的壯舉，並拍成紀錄片《飛行少年》，讓一群曾經非行，如今成為可以張開雙手遨翔的飛行少年；滿頭白髮的他也因此被譽為「白髮飛行少年」。這位白髮飛行少年，有一顆永遠年輕的少年之心，繼續帶領更多的叛逆非行少年成為樂觀、上進的飛行少年。

每個孩子都有叛逆期，每個孩子都有非行少年的因子，每個孩子也都是好小孩；沒有孩子一開始就是壞的，因此，

- **要如何避免孩子成為非行少年？**
- **如果孩子已有學壞跡象，要如何溝通、輔導？**
- **已經走在犯罪邊緣的孩子，要如何帶他回頭？**

《基督教論壇報》的鄭忠信執行長獨具慧眼企畫這本書的出版，冀希藉由黃明鎮牧師的現身說法，讓本書除了可以認識這位可敬的白髮飛行少年之外，也讓這本書成為所有關心孩子的父母、師長都需要的一本教養寶典。

本書從黃明鎮牧師的成長過程開始談起，凝聚了他精彩的人生經歷，並結合近三十年來感化受刑人、輔導青少年的豐富經驗，藉由一個個感人的生命故事，讓處於人生低潮的人能夠看見光明與希望，也為父母、師長提供珍貴的教養智慧。

最難能可貴的是，本書也呈現黃明鎮牧師豐厚的人生智慧，將他的家庭觀、婚姻觀、親子觀分享給讀者，可說是他五十年來在家庭教育與生命教育的思想精華。

〈專文推薦〉

我心目中永遠的白髮勇者

林樹橋

與黃明鎮總幹事的相識，約在二〇〇五年冬。那時《我的這一班》的諮詢顧問盧蘇偉觀護人打了通電話給我，說他和黃牧師要帶著花蓮信望愛少年學園的孩子騎獨輪車環島！而我，是否有意願拍攝這樣的紀錄片？我考慮了三十秒即刻答應，也因此誕生了《飛行少年》這部紀錄片，也結下我與黃牧師的緣分。

從花了三年多的時間製作完成《飛行少年》這部紀錄片，到二〇一〇年再度改編為電視劇至今，我所認識的黃明鎮牧師，從我見到他的第一面，一直到現在，都是一貫的謙卑、和藹、全心的為這群失親、迷失的飛行少年努力著。讓我最震撼的是，二〇〇六年初剛開始跟孩子說環島計畫時，有不少孩子對學騎獨輪車仍是存疑、觀望，而黃牧師為了要鼓勵、激勵孩子，當時已六十二歲的他不顧受傷的危險，在學園的籃球場、每一次的道路訓練賽，一次次的練騎獨輪車，跌倒、失敗再重來，絕對不放棄，他專注、屈抖的身影，搖搖擺擺的劃過終點線，這畫面不僅鼓勵了這群容易受挫的孩子，也激勵了我們秉持初衷繼續前進。

拍攝製作《我的這一班》已然二十二年的時間，對於現今孩子成長、教養的問題及困境，我們深切的理解，也極力盡我們電視人的使命去呈現、提供議題讓大家去思考，讓孩子去學習。而黃明鎮牧師就是我們的引領者，他總是最辛勤的走在第一線，為這些正驚慌失措的站在人生、法律臨界邊緣的孩子伸出雙手，緊緊握住他們、陪他們走一段，也給他們最渴望的、最溫暖的擁抱。

孩子是我們未來的希望，每一個都是，只要我們願意給予他們愛與學習的機會。感謝黃明鎮牧師一直以來為這些孩子付出的關愛與努力，因為除了讓這些孩子的生命透出希望外，每救回一個孩子，就是為我們減少了一個未來的受害者及加害者。除了期許自己努力追著黃牧師馬不停蹄的腳步，也期待更多人可以透過這本書認識黃明鎮牧師的為人處世與青少年教養的智慧，進而能付諸行為，讓每個孩子都能受到最好的對待、努力成長茁壯，而這個社會也會因為有你我的付出而變得更美好！

（本文作者為群和國際文化事業有限公司總監）

〈專文推薦〉

永遠與青少年同在

洪秀柱

我記得，第一次與黃明鎮牧師相遇，是在華視《飛行少年》電視連續劇的播映記者會上，滿頭白髮的他，散發出一股謙卑、認真的氣息，讓旁人在不知不覺中都被他的溫暖、活力所感動。

黃牧師二十多年來從事輔導監獄受刑人，以及關懷行為偏差青少年工作不遺餘力，對社會、對國家貢獻良多，尤其是創設花蓮信望愛少年學園、關懷邊緣青少年的事蹟，更是讓我感佩不已。

長久以來，我一直都非常關注青少年的教育輔導工作，也不間斷地推行、參與各類型關懷青少年的活動，深刻體會到「預防勝於治療」這句話對於青少年的犯罪防制來說，是非常地貼切與實際，因為如果我們能在青少年犯下錯誤之前，就先以教育或是宣導的方式來導正、消弭犯錯的無知與衝動，那必定可以大幅地減少青少年的犯罪事件，也可以減輕用來感化、約束那些踏上罪惡之路青少年的社會成本，更可以促進家庭幸福與社會和諧。因此，黃牧師無私的付出，以及花蓮信望愛少年學園的教化，對許多徘徊在社會邊緣的孩子來說，更是顯得重要與可貴。

很開心，黃牧師願意將他豐厚的人生智慧與思想精華出版成冊，分享給所有關心青少年與關懷社會的讀者，祝願這位可敬的白髮飛行少年繼續引領更多叛逆的非行少年，成為樂觀、上進的飛行少年！在此，誠敬地向您推薦這本好書《白髮飛行少年》。

黃牧師，有您真好！向您致敬！

（本文作者為立法院副院長）

〈專文推薦〉

他的名字叫「感動」——記黃明鎮牧師二三事

洪善群

多年前他前來救世傳播協會錄影，中午他帶了便當，「可是沒有蒸啊？」「沒關係，冷了也可以吃。」於是便坐在附近的小公園吃將起來，一切的一切完全不造作，他真的相信有衣有食就當知足。

儘管近年來更生團契事工不斷擴張，全台幾乎都有駐監牧師及義工群，然而更生團契照樣位於松江路的窄巷裡，樓梯階梯很多，像是專門用來練腳力的。他的總幹事辦公位置，一樣小小窄窄的，堆滿雜物。

他最「出名」的是關懷白曉燕命案之要犯陳進興乙事，當時人人對陳進興皆曰可殺，黃牧師卻直接以「人都有罪」來解釋，他按自己的職責去關懷陳進興，為他施洗，不管媒體有何異聲，他始終做他該做的事。陳進興槍決那晚，媒體都料想不到會那麼快，那時還沒有手機，他家電話響個不停，但他如常的和師母去教會參加聚會。

「台灣所有記者都在找他，你爸怎麼跑去教會了？」

「他今天本來就有聚會啊。」黃牧師的兒子這麼回答。

媒體之簇擁，視他為重要人物——他完全不看在眼裡。

黃牧師把陳進興自傳的文字稿，拿來救傳請我幫忙，幾個同工緊張兮兮想著這本「陳進興自傳」，要如何免於被「丟石頭」，不料新聞竟刊出來了，記者怎麼會知道？

「黃牧師，你怎麼說了嘛？」同工氣急敗壞的。

「沒什麼啊，這又不是什麼暗昧的事。我們本來就有自傳要出版啊。」他答得坦然自若，完全不管什麼記者會新聞發佈之類的。

但他自有一套對受刑人之防治的特別看法。

他找救傳合辦了兩屆犯罪被害人關懷事工，不久愛主的基督徒捐了一塊位於花蓮光復鄉的地，他先找同工開墾。

他發現好多孩子需要一個類似中途之家的地方——做在這些孩子身上，豈不就是犯罪預防的最前沿？這就是信望園少年學園。

學園中一切簡單素樸，養了好多小動物，最莊嚴肅穆的是教堂，塔頂尖尖的，遙遙指向藍天。禮拜天孩子們穿著整潔前來練樂團並敬拜，一個個慢慢走過十字架前。

信仰教導之外，這群孩子精力充沛，找不到地方發洩，於是開始學騎獨輪車了。他一有空就跟著騎。年紀那麼大了，還騎？

「有哦，你看肚子都消一大圈了。」他得意的用手摸摸肚子。是的，不只人精壯了，臉也曬黑了，起碼年輕了好幾歲——這豈不正是活生生的白髮追風少年嗎？

白髮，是智慧的冠冕；少年，是對至高者純潔澎湃的熱情，我由衷期待也相信，本書能把這位讓自己縮到最小，而唯願祂興旺的傳道人——更生團契總幹事黃明鎮牧師，刻劃於萬一。

（本文作者為救世傳播協會會長）

〈專文推薦〉

一位在地獄門口搶靈魂的牧師

鄭忠信

策劃《白髮飛行少年》這本書的起源，是我接任論壇報社長後，發現在我們周遭有許多牧者傳道人奉獻他們一生，影響了好多人，他們很會做事卻不擅於去宣傳，基督教論壇基金會是新聞媒體，透過文字出版可以幫這些奉獻一生又活出精彩的傳道人出書，透過文字記錄讓更多人看見這些動人的故事。

我們常常在電視電影中看到救火員穿梭火海救人的畫面，那你就可以想像黃明鎮牧師就是著急在地獄門口搶救靈魂的那位勇士。

在每一個監獄都有一道高厚圍牆隔開了兩個世界，圍牆裏面關了許許多多受刑人，他們被定了罪判了刑，幾乎陷在失望與被社會家人放棄的邊緣；那些罪惡多端可惡至極的重大罪犯，甚至是被判死刑等待執行槍決的人，常常只能倒數日子暗自哭泣。但是卻有一個人不斷著急地穿梭在那高牆之間，他甚至比親人更關心這些受刑人，他總是按時出現在監獄，他的奔走一直沒有改變，典獄長都不知換過多少人了。很多被社會唾棄的死刑犯臨終前，他總是想盡辦法與他們禱告，最後一秒也要搶救那失喪靈魂，他滿頭白髮與滿臉皺紋的笑容，常常像親身父親陪伴失途少年，摟抱他們靜靜聽他們的心聲。但只要發現又犯錯會嚴厲責備而難過至極。

《白髮飛行少年》成為這本書的名字，是因為黃牧師在花蓮更生少年的奉獻付出，被拍成記錄片與電視劇，其中那些失途青少年被愛與關懷，透過騎獨輪腳踏車的訓練，培養他們的勇氣與突破，黃明鎮牧師為了身教，坐六望七的身體也要向孩子證明，他不只是說說而已，而是身體力行，這些孩子最後突破極限騎出了教養院，而且環繞台灣一圈。現在黃牧師常常帶著這些被改變一生的失途少年出國見證，那群孩子騎獨輪車張開雙臂，就像極了飛行者，而群體中最突出而有影響力的就是近七十歲白髮蒼蒼的白髮飛行少年——黃明鎮牧師。

論壇基金會為什麼要推動這本書？在這過程中我不斷問自己，這一個人稱「監獄天使」的人的故事有產生那麼大的影響力嗎？二十年來，他跑遍台灣大小監所，手摸過的死刑犯不下二百個，他花白的頭髮、低而略帶嘶啞的聲音，眼神總是那麼神采奕奕。書中沒有歌功頌德，也沒有華麗的詞藻讓人覺得莫測高深，只是將其生命中每個點點滴滴的恩惠，誠誠實實地記錄呈現給世人。基督信仰的力量何其大！書中看似平凡無奇的事物，卻蘊涵簡單又深刻的生命內涵及力量，在其一路上所遇之各樣人物，更見證上帝是他精彩生命的最佳編劇。

「主啊！我投靠在祢的懷裡，我的心充滿歡喜；主啊！祢的話語無限甘甜，滋潤枯乾心田。……主啊！我是祢福音的羔羊，奔跑榮耀路上。」這是黃牧師輔導的第一個死刑犯溫錦隆所寫的一首歌〈頌讚我主〉，您或許可以不同意黃明鎮牧師對死刑的看法，但一個死刑犯在其遺書裡寫道：「希望別人不要學我，要好好做人，法網恢恢，疏而不漏。」豈不就是黃牧師最常說的一句話「我永遠不會放棄他們！」最好的註腳。

這本書只是見證一個老牧師如何在地獄邊緣出生入死搶救靈魂，只要再給他多一分鐘，他一個都不會放棄的老牧師，我認識很多牧師但我非常敬佩他，他不是用嘴巴「說」的牧師，他是身體力行「做」的牧師。我想起聖經耶穌說：若要跟隨我的，就當天天背起十字架來跟隨。黃明鎮牧師一直努力實踐這個承諾。我們策劃這本書最後選擇讓啟示出版發行，是希望不只是基督徒看到這美好的生命奉獻，更期待能影響社會與家庭，關心孩子的成長與品格教育。

（本文作者為基督教論壇基金會執行長）

〈專文推薦〉

「愛」與「榜樣」

盧蘇偉

認識黃明鎮牧師二十幾年，如果要形容他我會用「愛」與「榜樣」！

我見到黃牧師，大部份時候都是一個人，來去各監所和少觀所、輔育院，做迷途羔羊的心靈導師。初相識並未覺得他與其他宗教師有什麼不同，直到二〇〇六年為了信望愛少年學園獨輪車環島活動，我才深刻體會黃牧師平凡中的真正偉大。除了以六十二歲的高齡學會獨輪車，更以堅定的信仰、愛心與希望的行動，給予所有的人最大的信服和敬愛。黃牧師身體力行，讓所有的師生了解，一個人要改變並不困難，只要堅持到底、永不放棄，任何人都可以創造生命的奇蹟！路再遙遠，只要不放棄向前跨步，目的一定會抵達的，就像獨輪車；要學會是如此的困難但堅持一百次的練習，一千次的努力，任何人都可以乘著獨輪做一個飛行少年，最重要的不是理論或知識，而是行動！不停的給自己機會的努力！一白髮蒼蒼的黃牧師，送給這個世界最棒的禮物，「他做到了！」任何人也都有可能！只要您願意給自己再一次機會，為自己做最大的努力！堅持到底！

有人問我輔導是什麼？我常用輔導者正在用生命複製生命給個案。黃牧師幾十年來，用他的信心、毅力、勇氣、堅持到底、永不放棄，啟示所有的生命！沒有人有權利放棄自己，每一個人都是上帝賜給世界的恩典與禮物！每一個人都應珍惜這份使命，創造自己與世界的可能性！在黃牧師的教育裡，「愛」不是口號，而是身體力行的「榜樣」，這本書感動我，也一定會感動您！因為每一個文字，不是憑空想像，而是黃牧師「一步一腳印」用心血編織的故事！黃牧師用行動證明心想事成，只要您相信，您就會有行動，只要您不停的付出，您一定會有成就，任何事情的發生，背後都有著上帝的恩典和啟示！

讓我們一起從這本書中，看見黃牧師見證的生命奇蹟及創造更生人，生命的精彩與豐富，任何人都有希望的，只要您不放棄努力，任何人都有可能的，只要您願意付出，結果來自於辛勤的播種與耕耘，黃牧師幾十年來的付出和努力，驗證了播在生命土壤裡的種子，一定會開花結果的！

黃牧師！謝謝您的指引與教導！讓我們認識了生命的真諦與價值！也謝謝您，給予無數更生人的重生機會，台灣這片土地，因您的努力，讓每一個人都看見了希望！讓我們了解生命的價值不是來自佔有，而是來自於奉獻！任何人都不能小看自己的力量，只要我們願意用正向積極的態度面對任何挫折和失敗，盡心盡力去努力，每一個人都能看見上帝賜予的恩典和禮物！黃牧師用生命見證，每一個人都有這樣的可能！

在此向您致上最崇高的敬意，您是我們的學習和努力的典範！

（本文作者為世紀領袖文教基金會創辦人）

〈專文推薦〉

見證生命悔改奧秘的一本書

簡春安

黃明鎮牧師，白頭髮比我多，但長得比我好看，閱歷也比我豐富，生命的成就非我所能及，為他大作寫序，惶恐之至。

明鎮牧師大我四歲，我們相識已超過三十年，但除了一兩次的演講聚會，我們交往不頻繁，互動不多，雖常在電視或報章雜誌看到他的事奉進展，也常以認識他為榮。所幸兩人共同點頗多：都出身中南部的鄉下（他彰化埔心，我南投），在鄉下成長過程的大小事蹟都可體會，而且倍感親切；我們都是年輕（初中）時即接觸教會，在徬徨少年時都受過教會的薰陶與培養；都曾留美讀書，留學生涯的點點滴滴頗能感同身受；都曾在美國的華人教會出入事奉，都體驗過神的帶領與祂豐盛的慈愛，回台後都義無反顧的投入國內的社會服務，他以更生為主軸，我則以東海為據點，只是他一生的事奉與努力比我更成功，更豐富，更感人。

沒想到他文筆這麼好，是我起初的震撼。

他的生命歷練幸虧能用他的筆來呈現，從少年十五二十時，寫到他的出身、他的接觸基督、他的警官學校磨練，他的留學、婚姻與信仰事奉，甚至談到他的養蜂哲學與難民社工服務。這些過程勾起了我不少的回憶，詫異著他怎麼可以寫得如此流暢與傳神？原來，他從高二起就寫日記迄今未曾停歇，這習慣呈現他的毅力，更代表他為人處世上的有恆、努力不懈的行為特色。也因為如此整本書讀起來如此平實敦厚、溫馨感人。

我喜歡他在教會七人小組的配搭經歷的見證。雖然上了神學課程而且口才便給，但當教會的牧長不輕易讓他們上台講道時，他們仍然順服而不抱屈。他說這個經歷對他日後在更生團契的工作大有幫助，他學會「看重生命過於恩賜」、「信仰重於工作」、「人對了，上帝必然悅納」、「人不對，他的道不對，工作也不對，就算工作做很多，很會講道，不過是曇花一現，果子無法常存」，明鎮牧師這些心得無疑也是我的收穫與警惕，也是知識份子在教會服事時應有的態度。

事奉不一定要站上講台，平凡的服務有時也是很好的事奉。明鎮牧師在教會擔任司機志工前後有八年之久（留學時，我的司機接送工作也作過一年），更能體會明鎮牧師的事奉是多麼的不容易。我更感受到服事無分貴賤，不論場合，鑒察人心的主，知道我們的心懷意念，更悅納我們誠心的服事與奉獻。就如明鎮牧師的感觸：一個人若肯給出時間、金錢、甚至心力，回收的一定是加倍的祝福。

本書最感動我的是第二部份「穿梭於牆內與牆外的人」，這是明鎮牧師用汗水與眼淚交織著多少受刑人的生命翻轉才能寫出的見證；或許年紀漸長吧，竟然數度邊讀邊落淚，深受感動。更生團契的這段時日，應是明鎮牧師一生事奉主的highlights。他順服神從更生團契對他的呼召，不可置信的全家竟然從舒適的美國搬回台灣從頭服事，全家大小一起忍受生活的水平降低與不便，然而藉著信仰的執著，他們一一克服難關。

天使樹活動已經使我感動得拍手叫好，死刑犯弟兄的坎坷生命與翻轉，更令人潸然落淚。一個個在報章所看過的殺人放火、無惡不作的歹徒，在弟兄姐妹的代禱與更生同仁們鍥而不捨的愛心與付出下，居然看到他們真心的悔改與生命的改變。我想，若不是神的愛藉著祂的兒女的努力，若不是因為更生團契兄姐們的奔波與堅持，若不是受害者對傷害者的赦免與寬恕，若不是弟兄姐妹們在愛裡的全然付出，若不是眾多信徒一起在禱告中不住的呼求，憑什麼能使這些一生在畸形的環境廝混，誤入歧途的「歹徒」們回轉？使他們在生命歲月的盡頭那一時刻能認罪悔改？

感謝主，明鎮牧師的服事見證了神永不棄絕任何一個人，明鎮牧師的事奉更顯示了教會弟兄姐妹同心配搭，有錢出錢有力出力的美與善。《白髮飛行少年》這本書見證了人生的起承轉合的奧秘，更表達了神對每一個人無止境的愛。

（本文作者為中國信徒佈道會總幹事）

第一部

蒙恩少年

少年十五二十時

我生於西元一九四四年六月二十三日，彰化縣埔心鄉梧鳳村人。

埔心鄉在彰化平原中心，昔稱「大埔心」，一九二〇年改稱「坡心」，光復後再改為「埔心」。梧鳳在埔心西北，是埔心較早形成的聚落。傳說這裡以前為梧桐叢生、吸引鳳凰棲息於此，故名「梧鳳」。

梧鳳人多姓黃，其中以五賢路一〇三號的「衍慶堂」黃郡記一系最可考，派下人員亦最眾，我們家即屬衍慶堂，來自福建省漳州府詔安縣，三妻二十一門下，堂號「江夏」。

父親黃珠城，生於一九〇七年。讀過漢文，能用閩南語讀古文，會寫詩，所以他為孩子取名都是有典故的。例如我的「明鎮」二字即出自《曾國藩家訓》「神『明』則如日之升，身體則如鼎之『鎮』」。

父親寫得一手好字，過年時都要幫左右鄰居寫春聯，我自幼研習書法，有時他也會要我代他寫，我在中學時還在書法比賽中得獎，獲頒一本日記本。父親的硬筆也寫得極好，我有一本他用鋼筆抄寫晉江丁拱臣（1800-1875）編纂、雲陽任毓芝註解、上海萃英書局出版的《新編註解初學尺牘指南》的筆記本。

我唸高中時，父親在家裡開設「暗學仔」（即夜間私塾），教人識字、學古文，給一些「人窮志不窮」的年輕人有機會讀書，因此父親深受村人的敬重。

每當我在房間溫習功課，就會有一、二位同齡的孩子靠近窗邊看我讀書、找我聊天。他們大都因家境貧困失學，看我受正規教育，心生羨慕。受過日本教育的父親看到這種情景，特別以二句日本諺語叮嚀我，別瞧不起運氣不好的孩子。

第一句是「猿も木から、落ちる」（猴子也會從樹上掉下來）——意即「人非聖賢，孰能無過」——連擅於爬樹的猴子都有失手的時候，人更不應驕傲自大。若有犯錯，肯浪子回頭的應給他們機會重新來過，因此要得饒人處且饒人。

第二句是「実るほど頭を垂れる稲穂かな」（稲穗上的果實越飽滿，頭越低）——與「滿招損，謙受益」道理相同——提醒我要謙卑，不可驕傲。我沒學過日文，但這二句等於是庭訓的話，已過半世紀我仍背得滾瓜爛熟。最重要的是這二句話對我一生受用不

少年十五二十時

盡，在監獄做教化輔導工作時常常提醒著我。

母親陳協員，生於一九〇八年，溪湖番婆庄人。因父親是讀書人，家中二甲多的田活都要她來做，非常辛苦。

母親不但生我，還是我的救命恩人。有一次，母親為了給我們冬令進補，特別燉了一鍋羊肉。或許是肉太老，或是燉得火候不夠，吃晚飯時我一不小心，一大塊羊肉哽在喉嚨。剎那間，我眼前一片漆黑，從座椅上跌了下來。母親見狀趕緊扳開我的口，用她又大又粗的手指頭把喉內的羊肉給勾了出來。氣管打通後我才甦醒過來。

我是家中老么，上面有二個哥哥、三個姊姊。一九五〇年就讀舊館國民學校梧鳳分校（今鳳霞國民小學）。班上的同學幾乎都姓黃，隔壁村莊來的二、三個同學跟我們不同姓，常遭我們欺負。仗著人多勢眾，我們會在放學離開校園後，就從背後追打他們，鄉下的路都是碎石子，有時甚至一邊追一邊拿地上的石子丟他們。

有一次，那幾個同學眼看我們欺人太甚，也不甘示弱地從地上撿起石頭回丟過來，雙方陷入激烈的石頭混戰。忽然，有一顆石子擊中我的額頭，我感覺很痛，手一摸，全都是血。同學們見有人流血，誰也顧不得誰，一個個做鳥獸散。

我既孤單又害怕，勉強用手按住傷口，但血仍然流個不停。我想往回走，人卻覺得有些暈眩，只得就近在路旁堂伯黃維堯家的祖墳草坪上躺下。昏昏沉沉之際，突然眼前出現父親的晚輩黃川字先生，我都以他的綽號稱他「火兄」（梧鳳教會黃清泉長老的父親）——他是獸醫，常在鄉下村子裡巡迴幫助農民——剛好騎單車經過，看到有個孩子躺在墳地上，一看竟是認識的人，嚇了一大跳後急忙幫我止血、包紮。事後，他囑咐我千萬不要再和同學打架，而且也不會告訴我父親，免得我被修理。

事隔多年，被獸醫醫好的傷口仍留下一塊不小的疤，每當我去少年觀護所探望，碰到比較不聽話的虞犯，都會叫他們瞧瞧我額頭上的傷疤、告誡他們。

長大一點，我常隨母親去外婆家。外婆家種了好多果樹，特別是龍眼樹又高又甜。我常帶著表弟一起到後山採龍眼。有一回，我像猴子般爬樹，只見愈高、離樹幹愈遠的龍眼愈大，我擋不住誘惑，一步一步地向樹梢處探步。果然摘到一些，丟給在樹下的表弟。我還想再向前挪步，那知樹枝突然「啪啦」一聲，從約有三層樓高的地方斷裂，我跟著樹枝一頭栽下來。當我再次睜開眼睛時，人已躺在外婆家的客廳內，旁邊圍著一群人，母親眼裡還帶著淚水，看到我醒了才鬆一口氣。

表弟後來告訴我，我掉下來之後即不省人事，他們把我抬回家，外公用了一招偏方，叫最小的表弟撒了一泡尿，灌到我嘴裡，我因嗆鼻子才醒了過來。外公這招可是有典故的；明代李時珍《本草綱目》有記載：「古人取人中白、人尿來治病，有散血……之功。」

一九五四年，父親在我五年級時將我的戶口遷到溪湖鎮中竹里（俗稱竹圍仔）黃進和先生家中，轉學到較近街上的湖東國民學校（今湖東國民小學）。他的兒子黃芳郎讀同一學校，後來也成了我的摯友。六年級時，楊仙子老師和陳水火老師讓我們住在他家、煮飯給我們吃，還義務幫我和其他五、六個同學補習。

國校畢業後，我考上臺灣省立員林中學（簡稱員中），之後接著考上員中高中部。我在美術方面有點天分，畫得又快又好，因此經常幫同學代筆，三、二下就一張。美術老師張煥彩是臺灣省立師範大學藝術學系（今國立臺灣師範大學美術系）畢業，他的作品完全反應居家生活，不管是起伏山巒、屋舍穀倉、山寺廟宇、菜園風光都是入畫的題材，以具象的自然形態來呈現。跟他一起外出寫生一兩次，受其影響，我決定考師大藝術學系，下課後即跟著他學素描、水彩。

我自高二時開始寫日記，至今不輟。其緣於有人到校來賣日記本，其與一般日記本不同，是有日期的日記本，有點像現在的工商日誌，上面還有雋永嘉言。三浦綾子在小說《冰點》中說：「日記十年，『將』有所成；日記二十年，『必』有所成。」我寫了超過二個二十年的日記，成就不敢說，但可以肯定的是「著作等身」了。

我歌唱得多（在學校唱、在教會也唱），高三時被老師選上、與隔壁班的蕭美麗同學代表學校參加全縣獨唱比賽。老師期待殷切，常要我下課後到他家練唱，但我天分不高，努力又不夠，比賽那日自忖選不上，遂臨陣脫逃。事後，老師並未責備我，倒是，事隔半個世紀了，我唱的那首黃自名曲〈叫我如何不想她〉仍常在我耳際迴響。

大學聯考放榜那夜，我和同班同學吳景文、春夏、阿松守候在收音機旁，聆聽電台播報大學錄取名單。吳景文會讀書，考上中山醫學院；春夏也不錯，考上醫學檢驗科；我則上了師大。獨獨沒聽到阿松的名字。我們幾個雖然榜上有名，心中不免還是有點落寞，當夜還陪阿松去廟口吃宵夜，安慰、鼓勵他再接再厲，明年捲土重來。

接觸基督，走上有信仰的人生

第一次接觸教會是在一九五六年夏。

臺灣基督長老教會彰化中會溪湖教會差了梁萬發先生來佈道，在梧鳳開設福音堂；之後聘請李美玉傳道為囑託兼梧鳳佈道所，開拓傳道、培養婦女慕道友及主日學，梁萬發先生協助梧鳳開拓傳道、培養慕道友、管理建堂。

其實，早前即有溪湖教會的許篤信長老等人，於夜間來村裡的空地放映幻燈佈道，我聽過發起宗教改革的馬丁．路德（Martin Luther, 1483-1546）的故事。比起廟會，這更吸引我。

梁萬發先生長得高高瘦瘦的，雖然只有一個眼睛看得見，但為人熱誠、喜樂。他拿著鈴鼓，邊走邊敲、邊敲邊唱閩南聖詩〈來信耶穌〉：

來信耶穌，來信耶穌，趕快來信耶穌，欲入天堂門戶，耶穌以外無路；
主要救你，主要救你，現在主要救你，趕快來就近祂，不可復再延遲。

我們幾個小蘿蔔頭看到他覺得很好笑，也覺得很好玩，就嘻嘻哈哈地跟在他的後面，走到一棵大茄苳樹下。這棵大茄苳樹是堂伯黃維堯家祖墳旁的伴樹，人們因此特別敬重；日治時闢建大溪路，從溪湖一直開過來，到此還特意轉了一個角度避開以免砍樹。因為環境開闊，大茄苳樹的枝枒往四面八方自由開展，如一把大綠傘，十分壯觀，其樹瘤非常奇特，人稱「金龜抱樹」。

梁萬發先生教我們唱歌，又講耶穌的故事，還發給我們精緻、漂亮的外國聖誕卡，還有糖果吃。我們高興極了，覺得有如福從天降。散去前他都會問我們說：「明天再來好不好？」

當然，我們異口同聲說：「好！」就這樣，神的慈愛，藉著一個肯付出的人臨到我這赤著雙腳、穿皺卡其服的單純鄉下小孩。

溪湖教會的長老、執事及青年就在偌大的茄冬樹下擺著掛圖、小黑板和一台小風琴，舉辦夏季學校及野外主日學。

當時，許篤信長老彈奏手風琴，陳水益弟兄敲鑼、單手風琴，和會友大聲唱〈來信耶穌〉。許長老的大弟許篤禮長老佈道說：「親愛兄弟姊妹！我們今晚欲報你們大好消息，『天賜平安福』，就有人號名叫天賜、天福、天來、天生，人講天生地養，天養人，肥滋滋，人養人，有皮無骨，千算萬算，不值得天一劃，都是天所賜，上帝愛咱世人，將祂獨生子耶穌救咱出死入生，賜活命，享受平安、福氣，又開一條永遠道路。」既講《聖經》故事又教「白話字」。

「白話字」是一種以羅馬字母拼寫閩南語的拼音文字，因為是基督長老教會在福建廈門創設的，因此也稱為「教會白話字」或「教會羅馬字」（Church Romanization）。一八六五年，英國基督長老教會宣教師馬雅各（James Laidlaw Maxwell, 1836-1921）醫師將之引進臺灣並開始推行，藉此教信徒識字、讀《聖經》。

茄冬樹下的野外主日學不只影響了我，也影響了當年才六歲的堂弟黃伯和，他在一九六八年受洗，現為長榮大學副校長兼神學系教授。

當時，許篤禮長老說：「若有一人信主就要開設教會。」有鑑於慕道者頗多，暑假過後梁萬發先生向我堂伯租下梧鳳村四十一號「戶陵厝」這間屋子，成立「梧鳳佈道所」，我們就搬到裡面上課。地方雖然不大，卻也夠三十人聚會。教育能變化氣質，特別是主日學的教育；李美玉傳道師帶領我們上主日學、查經，我的學習也漸漸增多。

一九五七年夏，我和教會的三、四個青年去霧峰參加夏令會。受感動回來之後，我的心靈較開，能開口禱告，靈裡對主也有進一步的渴慕。當時，臺灣基督長老教會青年團契正如火如荼地展開，我們也組成青年團契，會長是黃良三。

每個禮拜日，蔡月碧執事會固定從鄰近的溪湖鎮搭早班車或騎單車前來幫忙。她和先生許篤信長老不只負責上、下午禮拜前的主日學教學工作，中午又與李美玉傳道一起煮午飯給遠道而來參加禮拜的會友吃「愛筵」（Pot Luck）；禮拜中又要司琴，所以她的工作比傳教者更忙碌。不只這樣，禮拜四晚上的祈禱會她也常常來參加。教小學的她經驗豐富又富有愛心，我們幾個年輕小夥子受教於其門下，都滿喜歡她的。

蔡月碧執事在小學教的是音樂及美術，因此來教會時都會順便帶來各色鮮花美化教室。她教課時，會使用自製的道具讓學生更明白。一九五九年八七水災時，河水暴漲、道路不通，為了我們，她仍騎著單車涉越溪水漫過的橋墩來教會，真是個勇者。

有一年聖誕節演話劇，她指派我演摩西，拿了教堂的草綠色桌巾往我身上一披，我儼然成了歷史人物，把角色演活了。那一次的晚會，人擠滿了教堂，我們團契裡的黃彩珠姊妹唱作俱佳，因為演得太逼真，台下許多婦女都陪著她一掬辛酸淚。

經過二年福音工作的撒種，有十餘人受洗。後來有「美援」糧食、物質配給，吸引的信徒漸多，加上溪湖教會覺得梧鳳佈道所頗有發展，於是積極籌畫設立禮拜堂，請熱心的堂伯黃維堯執事找地蓋教堂，做為永久聚會的場所。真奇妙！別的地方他不選，主偏偏感動他選上那棵茄苳樹對面的空地。聽說，奉獻這塊土地的是堂哥「阿華」（黃燕輝）。一九六〇年八月八日，由王倚牧師主持禮拜堂奠基儀式，蓋了一座小教堂，即今「梧鳳基督長老教會」，教堂的正門朝向馬路，一眼望去，就能看見那株高大、綠蔭蔽天的百年茄苳樹，從此大家有了聚會場所，教友也越來越多。

堂伯認為，一個地方要現代化，一定要「開拓教會，設立學校，興建醫院」，並以之為一生的三大志業。梧鳳終於有教會了，堂伯的第一個志業實現了。一九六三年，梧鳳國民學校成立，堂伯擔任第一任家長會會長，堂伯的第二個志業也實現了。雖然梧鳳尚無大型醫院，但是行政院衛生署彰化醫院於二〇〇二年遷建鄰村，堂伯的第三個願望也算是完成了。

高中時，我曾一度與縣議員的兒子混在一起，打架、遊蕩樣樣都來。還好，那種日子沒過多久，因為參加教會的青年團契及詩班，一些壞習慣與錯誤觀念就即時被調整過來。

高三時，班導蕭燁老師對學生因材施教，寫生活週記時，我偶爾會發抒謬論，為賦新詞強說愁。蕭燁老師是基督徒，知道我也是，就在我的生活週記上用紅筆一批：「你自有盾牌，為何不用？」

幾個字到如今仍深印我心，影響我甚鉅。他只是要告訴我，基督徒的盾牌就是上帝，有祂就有依靠，何須常吁短嘆、坐困愁城？

打從那時起，我的心境轉為樂觀、積極，做任何事都滿懷信心，也不再覺得孤單，不再灰心喪膽。只是普通一句話，竟能叫人提振精神、奮戰到底，真是奇妙！

我常感謝的有兩個人，一個就是我高三那年，讓我在教堂與他同住的王倚老牧師。高三時為了準備聯考，我搬到教堂與之同住，他當時已七、八十歲，從別的教會退休，我們小教會沒有牧者，就請他來協助。他長得像英國紳士，有一頭白髮，是臺灣初代長老會及敬虔的傳道人。每天早上五、六時他叫醒我，帶我靈修，之後我再去學校上課。每天早晨兩代一起靈修，敬虔在主面前學習，奠定靈性上美好的根基。

下課後，我都到教堂自修，準備考大學。有一次，我把他買的一小串荔枝吃光了，他問我荔枝在哪裡，我心虛不敢承認。他知道我的軟弱，問了一次就不再提，反而讓我自覺羞愧。後來他退休住在臺北，去看他時，只要是荔枝的節令，我一定會帶一把荔枝去謝罪。

他每天陪我讀《聖經》、禱告，教我彈風琴，又關心我的學業。北上參加聯考前夕，這位一生事奉神的老僕人特地為我按手禱告。感謝主，神的祝福藉著他臨到我的身上，使我考上師大，又考上中央警官學校（今中央警察大學）。我感覺得到他的愛心及奉獻的精神深深影響著我，隨後我能順利通過留學考試、托福考試、到美國讀書，並在十七年後回國服務，跟他捨己為人、至死忠心的傳道風範大有關係。

在警官學校，練就不輕易放棄的個性

我的第一志願原本是師大藝術學系，惟術科考試的時間與警官學校入學考試撞期，只得放棄。大學聯考先放榜，我考上第二志願師大童子軍教育專修科（今公民教育與活動領導學系），並註冊入學，當時只要受訓兩年就可以當老師，而我也喜歡年輕學生。豈料讀了三天，警官學校放榜，我也考取了。受大哥黃明世的影響，我決定改讀警官學校的行政警察學系，一九六三年入學（第三十二期）。大哥原是警察，後來也去讀警官學校的二十七期，成為警官。

當時警官學校規定柔道是必修課，而且一定要在四年內拿到初段，否則不能畢業。教我們的是有「臺灣柔道之父」之稱、當時臺灣最高段——八段——的黃滄浪教練。黃教練二十七歲即晉升為七段的紀錄，不僅是空前到目前也是絕後的，無人突破此一紀錄。他一生致力推廣柔道，一九七九年晉升為全紅腰帶的九段。著有《柔道學》一書，被警界奉為教學瑰寶。

黃滄浪教練走路時，頭會有點微微上揚，那是因為他年輕時練柔道把脖子摔歪了，不知情的人還以為他在耍派頭。有一回，一群不良少年看他走路的模樣好像瞧不起人，心中不爽想要給他一點顏色，忽地蜂擁而上出拳打他。沒想到，沒二下幾個混混全被他摔倒在地。正落荒而逃之際，被他逮到一個，他和顏悅色地向對方解釋自己脖子歪斜的原因。那小子跑去告訴同夥，一群人又趕回來向他下跪求饒，並頻頻磕頭，苦苦央求要拜他為師。不過，黃滄浪教練說，柔道是一種高品味的道；真正學會柔道的人不會混流氓，而混流氓的永遠學不會柔道。

說得也是，柔道講的是「以柔克剛」之道，本來就不是單靠蠻力。所以，我們在練習時就很講規矩，柔道衣要穿整齊，腰帶要束端正，對決前要先行禮如儀；對決中如果衣襟露出腰帶外、儀容不整，裁判會喊暫停，要雙方整治衣裳後再繼續交鋒。所以想摔出一身功夫，還得要有些耐性。

在課堂上，同學之間戲稱彼此為「道友」，稱兄道弟無非是希望大家在練習時手下留情；戰時（對外比賽）要為學校爭光，在「道」上稱雄揚名。

我們班上出了幾個高手，他們才練了一個學期，進步神速身手矯捷。例如綽號「石頭」的班長石宗憲，身高一百八十九公分，人高馬大，「大外割」練得爐火純青，誰被他的大腿「割」到，誰就應聲倒地，連黃滄浪教練都嘆「青出於藍」。「阿助兄」陳忠助，個子不高，體重卻相當重，人壯得像頭牛，誰被他壓在榻榻米上就別想翻身，他那招「內腿」出腿之快有如神駒，來無影去無蹤，擋都擋不及，許多校外的比賽常靠他那雙大腿扛了獎盃回來。

我人不壯，個子普通，體重也不重，只好拚命練，絕不摸魚，教練教什麼我就勤練什麼，像學「兔子跳」練腳力，學「仙人跳」（從人脊背上躍過）練臂力，或「匍匐前進」練胸肌等，我都很賣力。後來我對「丟體」練出心得，於是決心單練此招，「一日三練，三三九練，久練成鋼」，果然熟能生巧，每次晉級比賽，我都靠這一招過五關斬六將。練了二年後竟也被選為柔道校隊，常與十來兄弟南征北討，立下不少汗馬之功。

大三那年（1966）的大專錦標賽，我們慘遭滑鐵盧，原因是賽前外宿旅館時，道友瞞著我（隊上唯一的基督徒）偷偷跑去看脫衣舞。結果第二天出賽，個個有如軟腳蝦；對方有如橫掃落葉、勢如破竹。從那次教訓後，每次出賽黃滄浪教練都緊迫盯人。

柔道比賽中有「半勝」、「一勝」之分，半勝就是把人摔倒，但背部未全部著地。半勝不算勝，需要有二個才等於一勝；反之，一勝就是把人摔得很漂亮之意。猶記黃滄浪教練每每在講解時都會一再強調：「萬一輸了半勝，你還未『真輸』，趕快起來，重整旗鼓，只要摔個一勝，你就贏了。」還說：「萬一對方半勝又壓制你，你仍有三十秒可以翻身，要拚命翻，只要翻過來把對手壓制三十秒，你就『反敗為勝』了。」、「記住，未到最後一秒，不輕易放棄。」

這句「未到最後一秒鐘，千萬別輕易放棄」我聽進去了。那一句話幫助我學會鍥而不捨，讓我在大三時順利拿到柔道初段，也隨時提醒我做事要持恆，方有成功的勝算。

這麼多年了，黃滄浪教練的諄諄叮嚀言猶在耳，十幾年來每到獄中教化受刑人時，我常告訴他們「凡事盼望，凡事忍耐」，人生有輸有贏，輸「半勝」時不要氣餒，只要誠心悔罪，接受教化，都可以重新來過，甚至「敗部復活」，成為新造的人。

這個「不輕易放棄」的哲理，也幫助過我在美國重建瀕臨破裂的婚姻；甚至目前的工作上，一遇到困難，都啟示我要「忘記背後，努力面前，向著前面的標竿直跑」。

一九九八年，我將這段過往寫成〈以柔克剛．道上修身〉投到《聯合報》，八月十四日刊出，我兒子學校的國文老師看到了，影印了三十幾張發給每個學生，鼓勵他們要學習「不輕易放棄」。

雖然柔道讓我練得一身是膽，體魄也很健壯，卻一直沒機會派上用場，未曾用過一招半式捉過半個小偷，不禁令人感慨有點「英雄無用武之地」。僅於一九六九年，在大同分局一度擔任柔道教練。

另外一個我一生感謝的就是四年級時的校長梅可望先生。在警官學校，食衣住行、起居作息都講究中規中矩。有一次，他來我們學生宿舍巡視，看到十六個人住的大寢室裡的垃圾桶旁，竟有幾塊橘子皮，當場發飆、破口大罵，說什麼連橘子皮都丟不好，將來怎麼當警官；又什麼「裡外不分」、「沒有原則」、「人格掃地」……等。當時我心裡很不服氣，心想，「只不過是芝麻蒜『皮』事，又不會死人。一個掛著三線四星的警官學校校長何必如此小題大作。」不過，從那時起，我就沒有再亂丟垃圾。現在想起來，他實在罵得對，如果沒有那麼一罵，恐怕我今天還不會把亂丟垃圾看成人格上的缺失。

警官學校畢業前夕，我們都要接受預備軍官訓練，全體學生抵達訓練中心後，晚上要學軍歌，部隊裡的阿兵哥臨時找不到教官，竟然叫我們自己唱，那首〈我有一支槍〉，全班一百個人沒有一個人唱過，阿兵哥不教就算了，還說：「你們找一個出來教好了！」

同學們的反應也很快，異口同聲地叫：「黃明鎮！」

我心想：「你們以為我是誰？我只不過在教會詩班唱聖詩而已，軍歌非聖歌，我怎麼懂？」

因此，我說：「我也不懂！」

「沒關係啦！帶大家唱就好了。」

沒辦法，只好趕鴨子上架，我一段一段教、同學一段一段學，不到十分鐘教了二、三節，阿兵哥在旁邊實在聽不下去了，只好說：「我來教好了！」

我如釋重負，趕緊下臺。

阿兵哥們天天唱，唱起來有精神。再仔細聽，不禁臉紅，原來有個地方我少唱一拍，難怪無精打采的，還好沒繼續教下去，不然真是誤人子弟。

經過四年的嚴格訓練，一九六七年終於畢業。梅可望校長於分發派令時以四句話勉勵我們。前三句話雖經過近五十年，我仍記憶猶新，即「辦事查前案，說話要準備，多問同事」。幾句話淺顯易懂，初入社會馬上可以派上用場。不但警察工作用得上，連後來到美國做事句句都實用，尤其是那句「說話要準備」讓我受用無窮。

一九九七年，死刑犯湯銘雄槍決前幾天，我也告訴他「說話要準備」，結果他在刑場講的一席話感動許多人。他謝謝被害人杜花明一家人的饒恕，又接納他成為家人，也謝謝更生團契牧師陪他走過三、四年，謝謝教會及臺北看守所等的關心。平日木訥不善言詞的他這時侃侃而談，令在場的司法人員面面相覷、瞠目結舌，禁不住要說：

「這……這哪是遺言？倒像是……得獎感言。」第四句話我遺忘多年，後來翻閱日記又找出來，仍覺得是一句珠璣：「動筆要小心。」的確如此，當警察寫筆錄、寫犯罪調查報告，內容必須準確，錯寫、漏寫都會誤人誤事。

一九六八年夏入伍服役。在澎湖陸軍步兵第四十六師連隊當少尉輔導長的幹事，後來調到團部支援。一九六九年夏，退伍回來，一度去臺北市政府警察局古亭分局佔缺。臺北市於一九六七年七月一日升格為直轄市，各分局亦隨之升格、擴編，後派龍山分局（今萬華分局），有同學在大同分局要跟我換，我無所謂就答應他，他就去活動改調大同分局。因此有人問我拿了多好處，因為龍山分局是個肥缺。

一九七〇年，在學校當助教的同學駱宜安（後來也升上警大副校長），告訴我學校有缺，我便返回中央警官學校任隊職官——區隊長，帶三十六期的學生。這期間，我也當過英文助教，但碰到警官學校教官要我把汽車肇事的教學錄影帶看完後敘述內容，我因為聽力不夠好，備感捉襟見肘力有未逮。即使後來在美國住了十七年，我的英語——不論發音、文法——仍常被兒女糾正。

留學美國的點滴

高中時，地理老師鼓勵我們集郵，說郵票上有各國風光，令人神馳，將來還可以登門一遊，我從那時起開始編織綺麗的出國夢。因此，警官學校畢業後我一心渴望出國留學。

想留學，就得準備留學考試及托福考試。我和蔡篤俊同學一起去補習英文，從留學考試到托福考試，一路過關斬將。通過留學考試之後，並去參加教育部每年舉辦的「留學生講習會」，在金山青年活動中心與一群準留學生一起上課一個禮拜，學國際禮儀、聽演講及前輩的留學經驗。

此外，還得籌錢買機票、繳學費。準備是實踐理想的里程碑，是完成使命必經的階梯，事前一樣一樣地預備，如爬樓梯一階一階來，當萬事俱備又借到「東風」——二千三百四十五美元，美國之行就美夢成真了。不過，一起補習的蔡篤俊同學卻到日本，就讀明治大學法科大學院，一九七七年考上千葉大學醫學部改讀醫科，畢業後就在千葉大學醫院婦產科、荏原醫院內科服務，一九八六年在東京開設蔡內科醫院，賺了不少錢。

為了早日能與同學一較長短、當上警察局局長，一九七一年（在我結婚後不久）我自費前往美國加州州立大學沙加緬度校區的犯罪制裁研究所，攻讀「犯罪制裁學」。

八月時，我與第三十四期公共安全系同學陳君儀一起出國，但在飛機上認識了一位中原理工學院畢業的李文機，他也是去加州州立大學。他的姊夫李革舜牧師前來接機，李牧師不但順便載我一程，日後更成了我的良師益友。

保釣運動是在一九七一年四月十日在美國點燃的，所以我到美國時正如火如荼進行，我跟郁慕明因此在舊金山見過幾次面。香港來的僑生很希望能跟我們合在一起，所以很幫忙我們。不過，我對政治並不感興趣。十月二十六日我國退出聯合國，我從電視上看到我駐聯合國大使周書楷走出大會的畫面，至今印象深刻。

其實，最讓我熱血澎湃的是當時臺灣三級棒球至美參加國際比賽，華僑、留學生無不搖旗吶喊，而我每次都會激動到哭。

我雖是一名警官，讀書時也利用課餘打工賺取學費。因為，我到美國只帶了保證金，但在繳了第一個學期的學雜費及校外高級學生宿舍（是系主任介紹的，他以為臺灣來的都很有錢）膳宿費後，差不多只剩一半。

心急的我跑到學校餐廳找經理。經理見我年輕，單槍匹馬跑來求學，頗為感動，當場賞我一份工作——做三明治。我當然不會做，但學會之後，我每個禮拜一到禮拜五中午二個小時，就在校園內的餐廳負責替師生們做現點現賣的三明治。後來也幫忙過大廚，偶爾也會大清早到學校做早餐。做多了，老美吃什麼我一清二楚，現在若有人想要我露一手，應該還不成問題。

半年後，妻來美依親與我團圓。為了減輕負擔，幾個月後我們搬離才承租不久的公寓，找到「居家」（Live in）的工作，住在一位馴馬師的家中。妻子幫他們照顧四個幼童，我整理花園、修剪花草，以換取免費膳宿及零用金。如此一個學期，讓我們學會美國人的習俗，也適應了美式生活。妻也在那時由我當教練，學會「狗爬式」的游泳及開車。

之後我又回到校園打工負責「點名」，坐在餐廳大門，像查票員一樣進來一個我點一個。見面多了，幾百位學生都已不必再出示飯票就可以直接進入餐廳，因為飯票的號碼似乎寫在他們臉上，也早已記在我的腦海中了。

有一天，進來一對東方面孔的年輕夫婦，男的用英語問道：「How much?」我答多少錢後，男的竟在他妻子耳際用閩南語說：「相貴啦！」

我一聽是鄉音，馬上慷他人之慨，用閩南語講回去：「入去，呷免錢，我請！」

他倆一聽，喜出望外。原來他們是新移民，男的叫王信雄，在學校讀電機研究所，女的是蘇彩娥，當護士。那頓飯之後我們成了好朋友，常與他們兄弟姐妹相聚，他母親幾年後還成了我的「乾媽」。

第二年（1972）暑假，我到內華達州的賭城雷諾（Reno）打工，在餐廳裡端盤子及洗盤子，但絕不賭博。因為，從我懂事起，每年春節的梧鳳村裡，從小到大幾乎人人皆賭。芭樂園內這裡一攤那裡一夥；白天賭，晚上挑燈再戰，賭個一個禮拜是常事。過了元宵，愛賭的人就轉移陣地繼續賭。原本純樸的鄉下人好多就這樣養成好賭的惡習。有些一輩子都在賭，賭到傾家蕩產、妻離子散，甚或剁掉一、二根手指頭依然在賭。

三個月下來，賺的工資及小費相當可觀，足夠我一年的學雜費。別以為留學生在賭城打工都能全身而退，有的經不起誘惑，把辛苦賺來的錢當成賭本弄得血本無歸，最後荒廢學業、浪跡天涯混日子。

有一段時間，我週末會在一間粵菜館打工，有一次一個年輕的黑人婦女進來買一碗白飯外帶，找錢之間她想用障眼法混水摸魚詐財，被我識破後倉皇逃出。從此，我對金錢更加謹慎，這對我日後在銀行上班、甚至當全職傳道人，在金錢上不馬虎有很大關係。

有一天，快到聖誕節時，有一個客人點了一碗麵後交給我二十美元付帳。他吃完走了，我清理餐盤時，看到桌子上留有我找給他的十多美元零錢，以為他忘了拿，因為小費不會多過於埋單的錢。我把「失物」交給老闆「招領」，那知老闆卻面帶笑容地說：「他是留給你過聖誕的！」原來，在聖誕至新年期間，像國人過春節，都是給的季節。

新生入學講習那天，國際學生中心為我們這些外國來的留學生各找了一個「接待家庭」（host family），而我也在這個接待家庭度過我生平第一次在國外的聖誕節。我和他們全家大小團團坐，一起吃火雞大餐，也收了不少聖誕禮物。男主人送我刮鬍刀（要我先刮自己的鬍子吧！），女主人送我幾本美國國家公園畫冊。受那幾本畫冊的吸引，每當學校放長假，我都會找幾個臺灣同鄉按圖索驥，遊山玩水去。

指導教授 Dr. Thomas Phelps 是防制恐怖分子的專家，與媽媽相依為命的他很善待我，看我下課後形單影隻，冒著寒風走回宿舍，心生憐憫，每年都要我去他家過聖誕節。第二年聖誕，因著他的特別關愛，我又多了一個去處。教授的媽媽年紀大，但善體人意，除了會燒一手好菜，也會做各式各樣的甜點。聖誕大餐後，她都會包一些自製的餅乾給我帶回宿舍與人分享。她知道我最喜歡吃的是那種滾糖粉、略帶酒香的「波旁球」（Bourbon Ball），每一次都特別為我多包幾個回去解饞。畢業後，我在美國工作十幾年，還是年年到教授家過聖誕。生兒育女後仍會把全家都帶過去熱鬧團聚，直到老媽媽八十幾歲過世，教授娶妻、搬了家為止。

我在學校打工的經理也曾邀我去他們家過一次感恩節圍爐。那一夜的印象畢生難忘；眼看著桌面上滿布佳餚，我未動手已動心。經理發給每個人三顆玉米，大家依序每拿出一粒就說一件感恩的事，繞三圈說三件感恩的事。對我這莘莘學子而言，要說五件也不難。

研究所的學業就在半工半讀間完成了。學生時代辛苦打工，不但能自給自足、陶冶心性、訓練耐力，讓我漸漸養成面臨困難不畏縮的性格。這些磨練對我在臺灣做最艱難的監獄教化、改變人性的工作大有裨益。《聖經》說：「患難生忍耐，忍耐生老練，老練生盼望。」誠然不虛。種種過去的勞苦，無形之中都已化成了我的祝福。

結婚：愛的故事

我與妻的認識要追溯到我高二時，來教會教主日學的蔡月碧老師帶我們到她家玩，我第一次見到她的二女兒許文美（許馨潔）。當時，她讀高一，算是閨秀，不喜見人。但她聽從母親的話，默默地煮了一碗熱騰騰的什錦麵出來。那碗麵的溫情猶存，讓我至今仍覺得窩心。

一九六四年，她也考上師大，我開始寫信給她，兩人細水長流似地交往了七、八年，不過，她家人起初因我的職業性質持反對的態度。

後來他親自跑去找我父親，誠懇地對爸爸說：「金錢、名利、地位我都沒有；不過，我有『三心』和『兩意』。」家父正詫異何來的三心兩意？他一本正經地解釋：「我對神有信心，對自己有進取心，對您的女兒我有愛心，我會善待她，叫她幸福。」至於他的「兩意」嘛！事隔太久，連他自己也記不太清楚了，大概是說他與我的交往是「誠心實意」和充滿「詩情畫意」吧！

如妻所言這般，許篤信長老乃放心地將她託付給我，蔡月碧老師看我對信仰專注，也就放心地把女兒嫁給我。我倆於一九七一年八月六日訂婚，並到戶政事務所辦理結婚登記。

岳父是彰化鹿港人，溪湖教會許敏（1881-1959）長老的長子，日本大阪齒科大學畢業，一九二〇年代在溪湖開設篤信齒科醫院。岳母是嘉義朴子人，她家是醫生世家，父親蔡超是臺灣總督府考試及格的「限地醫」（因為願意到偏遠及山地區域執業的醫師有限，日本因此頒訂「限地醫」考試及管理辦法，規定曾在醫院、診所當過助手的「藥局生」，服務達一定年限後，經考試及格者，以「限地醫」資格任用，且要在政府指定的偏遠或山地區域執業），在臺中州豐原郡內埔庄經營仁安堂醫院。

半年後，妻辭去國中的教職，一九七二年三月四日來美與我團聚。妻認為住在一起才算是正式結婚。

走上婚姻路才知相愛容易相處難，尤其是剛結婚的一年多是磨合期。那時，剛成家，妻和我個性差異大，加上異國文化的衝擊，以及經濟、學業上的壓力，我們常因細故爭吵，體驗到婚姻路的坎坷難行。對此，妻說：

交往了那麼多年理當有愛，我們也都願意相愛，只是我們付出給對方都是不成熟、自我中心的愛，我倆的愛在彼此個性差異、語言、文化的衝擊、經濟拮据下消磨淨盡了。結婚的頭二年，他忙著讀書和打工，我也打工，靈性沒有追求，有段時間沒有教會生活，婚姻亮起紅燈。有一次我倆爭吵，斜靠在牆角邊的一面鏡子因故滑落在地板上碎裂了。我捧著鏡子流著淚對他說：「這些日子來，你我彼此以話傷害，破碎對方的心，就像這面碎裂的鏡子，就算破鏡能重圓，也是傷痕累累。」在異邦建立新家庭有更多的難處啊！二年不到，我就做「逃兵」，逃回臺灣的娘家，準備讓這個婚姻不了了之。

畢業之後還吵，生完孩子也吵，吵得全家雞犬不寧，真想一走了之。「抗戰」近八年，直到參加幾次婚姻座談會，從中學會「捨棄己見」、「多替對方著想」，並在眾人面前宣誓，願「愛妻子如同己身」、保養顧惜，關係才漸好轉。

幾年後，女兒一句「你們好久沒吵了！」我們才恍然大悟，原來愛的力量如此神奇，能化解冤仇、癒合傷口；僅因多付出一分關心，婚姻就有所改善。既然這樣，相愛何不趁早？婚姻漸入佳境後，我開始注意身邊一些家庭的需要，遇有急難、衝突，都義不容辭挺身相助。

現今世代，個人主義抬頭，亞當、夏娃遺傳下來的罪性——「權力鬥爭」——至今仍在家庭中重演，以至夫妻彼此相爭互不相讓，最後兩敗俱傷。

美國的心理學家魯本（Zick Rubin）博士認為，現代夫妻的關係有三個類型。

一是「忍受型」，約占百分之五十，彼此水火難容，每天忍氣吞聲，咬牙切齒，怒目相視，看對方像仇人，瀕臨破鏡邊緣的關係，叫雙方都難「忍受」。

二是「接受型」，約占百分之四十，他們平淡如水，又如雞肋「食之無味，棄之可惜」，只好得過且過，過一天算一天，夫妻關係雖不滿意，但勉強可以「接受」。

三是「享受型」，僅占百分之十，他們如膠似漆，如魚得水，彼此卿卿我我，你儂我儂，每天生活過得如神仙，在地如同在天，像吃大餐一樣，很「享受」。

其實，如果每一個人都來信耶穌，從信仰領受真愛，夫妻關係一定會大為改善，從「忍受型」轉變為「接受型」不難。若再加把勁，繼續學習「愛妻子如同愛己身」的功課，相信久而久之，也能成為人見人羨的神仙伴侶。

何況，「夫妻感情合一」為孩子不變壞的首要條件。因為，雙親爭吵的孩子缺乏安全感，日後容易被唆使去犯罪，所以說「吵架的父母容易離婚，離婚的父母容易製造中輟生，中輟生又容易變成罪犯」。如今父母分居、鬧情緒，受美式離婚之風過度吹襲，夫妻一言不合就對簿公堂，這種貿然的舉動給一向較依賴父母的東方兒女帶來的心靈傷害可不少。更生團契在花蓮附設的「信望愛少年學園」，收容的二百多位邊緣青少年，半數以上父母離異。因為離婚，孩子得不到適當的督促和照顧，很容易出差錯。為人父母若能善加維護婚姻的完整與美滿，讓孩子在一個和諧有愛的環境中成長，不僅有助於穩定兒女的情緒，也能奠定他們日後婚姻幸福的基礎。

要怎樣才能成為佳偶？美國一項幸福家庭的調查報告指出，婚姻能維持二十五年的（七百五十對結婚超過二十五年的）有三個共同的特性。換句話說，夫妻的關係若要美好又持久，就必須照著這三要件全力以赴。

■一是「欣賞對方」（Appreciation）。

人既是上帝的創作，除了身軀之美外，心靈及行為一定也有諸多令對方可以感恩並激賞的表現。《聖經》的〈箴言書〉說：「要喜悅你幼年所娶的妻。」「喜悅」的希伯來文可譯為 Get excited——興奮。人到了老年，瞥見幼年所娶的妻尚能動心、興奮，猶如見到「天仙美女」般，就非得有超越的眼光不可。易言之，所有做丈夫的都應具有「考古學家」的素養，見老伴就像見到「古董」，愈古愈感興趣，這樣，「黃臉婆」一詞就不再是不雅之稱了。

妻在這一點，層次比我更高。一九九三年，她在我們結婚二十週年時寫道：

這些年來似乎沒有見過他發脾氣或大聲叱責過人，也很少聽他隨便批評論斷人，外出時也常打電話回家讓家人安心。返國服事這些年來事情多而難，他不知承受了多少的壓力和重擔，卻沒有在我面前發過怨言，也很少批評、論斷人。忙碌當中他仍有定力，也能在孩子面前保持既有威嚴又有幽默感的形象。一天夜裡，臥室裡傳來孩子們的尖叫聲，他跑過去看看發生了什麼事？原來是牆壁上有兩隻蟲。他輕笑兩聲，用雙手抓起那兩隻蟲說：「為什麼你們怕這個東西？難道你們不知道我以前是吃這些蟲的？」說著說著他作勢將蟲放進嘴裡，笑著走出臥室。孩子們張大眼睛彼此對視，還真以為爸爸是食蟲專家呢！

……相處廿年總覺得他像本引人入勝的書，百看不厭。從他身上散發出來的聖潔、正直的美令我心悅誠服。過去與他在「抗戰」時期曾覺得他是「世上最令人討厭、最可恨」的人，如今他成了我的良朋密友，共走屬天道路的良伴。這一切都是在於祂。因著我們在基督裡共享的愛，我倆的婚姻能轉敗為勝，我心中充滿了感恩。

在犯罪制裁研究所會選修「犯罪學」的大多是現職警官。有一老美對我這臺灣去的警官特別友善，常邀我喝咖啡聊天，也曾親自開警車帶我一起去巡邏，並當面逮捕人犯給我瞧瞧；最難忘的是他請我去他家作客。原以為他一定有一位漂亮的妻子和大房子，才會想要炫耀一下，出乎意料的，房子不但普普通通，太太態度雖然親切，但長得很平常，甚至就近一看，即能看出她嘴唇上仍有兔唇縫補過的痕跡。這樣一個平平凡凡且略帶殘障的妻子，他竟如此愛她、以她為榮，他不時「媽咪」長、「媽咪」短，學著孩子親暱叫她，也幫太太做家事。有這樣體貼的丈夫，難怪妻子會忘掉自己身上的缺陷，心裡常保健康。《聖經》說：「你們做丈夫的要愛你們的妻子，如同愛自己的身子，因為她是你的骨中骨、肉中肉，與你兩人已成一體。」我看我那位警官同學是真的活學活用出來了。

■二是「彼此委身」（Commitment）。

一夫一妻的結合是一生的承諾，除了死亡之外不能拆夥。我過去在美國的同事有一半都離過婚。對於他們喜新厭舊的文化和「三年換新車，四年換新娘」的說法，實在無法認同。不過，有一年，我帶幾個台灣典獄長到美國亞利桑納州鳳凰城參觀聯邦監獄後要去搭機，在旅館的接駁車上巧遇機長在旁，閒談中得知他是基督徒，於是問他說：「結婚了嗎？」

「Yes!」他說。

「How long?」

「Sixteen years!」他話才說完，馬上語帶雙關、意有所指地又補上一句：「Only one wife.」

我心想，「只有一個太太」豈不是天經地義嗎？後來我明白了，他是要告訴我說，雖然我人常不在家，但我忠於妻子，不會到處飛到處留情。在美國，不要說金婚、銀婚，能維持十六年以上的婚姻可說是鳳毛麟角，他當然引以為豪。

華人喜歡「少年夫妻老來伴」，老夫老妻比較可靠。例如常與我去監獄教化受刑人的孫越叔叔，他與孫媽媽感情很好，覺得一夫一妻廝守終生是上帝的旨意，也是人間一大福氣。因此我為一些新人證婚時，常會用下列幾句勉勵：

一夫一妻合神意，努力經營難分離；甘甜圓滿樂無比，白首偕老不稀奇。

丈夫愛自己的妻，不玷汙聖潔身體；妻子常依靠上帝，順服丈夫不生氣。全家人常在一起，兒女爭氣謙有禮；主所配合宜珍惜，勿待失去悔莫及。

所以我一有機會就此演講時，常會提古希臘人的四個「愛」字，勸人要懂得真愛。

第一個愛字是 Eros——伊裸士：指的是男女間的「性愛」，這是肌膚之親，在婚姻裡才聖潔。

第二個愛字是 Storge——施多給：指的是親人間的「情愛」，範圍由夫妻擴大到兒女、親戚，是維繫正常家庭關係的重要元素。

第三個愛字是 Phileo——非利我：乃指「四海之內皆兄弟也」的友愛，層次由周圍熟稔的親人提升到遠方陌生的外人。

第四個愛字是 Agape——愛加倍：這是「聖愛」、「博愛」，是愛的最高層級，是完全犧牲奉獻、捨己為人，不計代價，不求回報的愛。

人若懂得這四種不同層次的真愛，就不會病態式地只求個人性慾的滿足，真愛由近而遠由小擴大，能忠於配偶看顧親人，又能推己及人、人溺己溺，甚至愛到最高點——化敵為友，愛那不可愛的。

時下的年輕人喜歡談情說愛，但沒有被教導正確的觀念，動不動就要「性」，甚至連速成的「網路一夜情」、過後忘得一乾二淨的性也成了流行。婚前守住童貞，婚後不亂性，相親相愛，堅持「只有一個太太」，我覺得那才是真愛。記住，不能有「小三」，所有的婚外情都是罪惡。

■三是「常在一起」（Togetherness）。

常在一起才能互相提攜，並扶持軟弱。但是，必須人在心也在。在一起可以做很多事，閒話家常也不錯。多數丈夫不了解妻子的需要，一下班回家，吃過晚飯就上網或看電視，無視妻子的存在，以至上了年紀之後，彼此因缺乏溝通而形同陌路，就算坐在一起也無話可說。

豈不知上帝造男女有別，女人較感性、看重關係，一天平均要講二萬五千個字；男人較理性、好動，說話的量少一半。為維護家庭幸福，試著在晚餐清理桌子碗盤後，坐到妻子身旁，輕柔地對她說：「愛人，二萬五千個字可以開始啦！」讓她抒發心裡面的感覺。如此一來，她一定會愈來愈可愛，也愈有能力理家，更不會因長久把話梗在心裡而憋出毛病。

我們結婚已經四十多年，在美國的十七年期間，由於工作穩定，起居作息正常，兩人幾乎天天一起刷牙一起上床。現在比較忙，刷牙未必能同時，但還是睡同一張床、蓋同一條被子。同床共眠有許多好處，至少睡前有時間談心、踢被子有人蓋回去，萬一做噩夢也有人幫忙搖醒。

一九九三年，妻因騎運動腳踏車傷了梨狀肌。到美國探親時，竟躺在床上一個月不能走動，連站三分鐘，小腿、大腿都會抽筋，像撕裂般疼痛。有一晚，我去教會分享，回家後，一上床馬上呼呼大睡。妻躺在床上睡不著，聽我鼾聲羨慕不已，於是暗暗祈禱：「上帝啊！我躺在床上一個月，還能跟隨這人回臺同走人生路嗎？我和他是否同心、同感一靈呢？能不能給我一個印證，證明兩人是相通的，好不好讓他現在睜開眼睛看我一下？」

說時遲那時快，我突然睜開雙眼看她，把她嚇了一跳。看她沒事，我繼續睡。妻以為是巧合，心想再來一次，確認心靈相通。這次我又被喚醒，雙眼圓睜。

「哇！真是奇妙！」她心裡想。

既然已經醒來，我乾脆坐起來陪她聊天。

聊了一陣我又入睡，睡功不錯一下子又打起呼來。妻興奮得睡意全無、思緒奔騰，又想既然耶穌曾三次問彼得愛不愛祂，「無三不成禮」，再來試試我會不會又睜開眼睛看她？但妻心裡又覺得擾人清夢過意不去。不過躺了月餘實在傷感，需要被愛激勵，「再求一次，再一次就好！」只要我不惱羞成怒。

沒想到，這次我不但開了雙眼，還對她微笑。這下子她滿足了，確信夫妻靈裡相通，已成為一體，於是讓我安然休息。

婚姻是個奧秘，漫長的旅程會有一連串的驚喜，只待雙方肯花時間在一起、常溝通、體貼包容，不要只顧自己，應該就能幸福無比。

為人證婚時，我總不厭其煩地把話說在前頭：「婚姻會有苦頭吃，但撐下去，必看到化妝的祝福，對信仰堅信，就有力量相扶持。想結婚，就不可離婚，想清楚，我再證婚。」

其實，一個人生活本來就有許多難度，二個個性迥異、背景不同的人在一起難度更高，如果懂得以愛互相擔待，苦難就會減輕許多。上帝設立婚姻，就是要人學習彼此幫補；有愛，婚姻就得以維持，並且一帶傳一代，世世蒙福。

婚姻像戰場，也是模塑品格及愛心、耐心的工廠，萬一夫妻關係剛好處在幽谷，甚或在破鏡邊緣，先別放棄得太早，靠著一顆真誠悔悟的心，婚姻絕對有機會絕處逢生、敗部復活。

教會的元首是基督，家庭的元首也是。男人雖是女人的頭，但基督是眾人的頭，冠乎萬頭之上。家庭中基督授權男人領導（弗五：23），因此丈夫在家中是靈性的領袖，是起領導作用的人。妻子服從神的權柄、順服丈夫，一切照序而行，如同日月星轉，家中自有和諧。

今天家庭的難處，常有三個原因。

第一個是丈夫的職責是愛惜並關心自己的妻子，但是許多做丈夫的不太關心自己及妻子的靈性生活，也不體諒妻子的軟弱，很少負起帶領家庭的責任；男人一旦疏於領導，自己靈性低沉、妻子的也低落，與神的關係愈遠，家庭問題也就愈多了。

第二是男人不想從神那兒支取能力帶領他的家，反而讓妻子領導。

第三是做妻子的以為今天的社會裡順服丈夫就是懦弱，所以也不願順從丈夫的帶領。

然而，當事情不能解決、雙方僵持不下時，男人不宜強做主，因為家庭的主還是基督，應把事情帶到主面前，藉著認罪、祈求，讓神摸著兩人的心，高舉基督為主，常可解決許多無謂的家庭糾紛。

我的信仰路：生兩次，死一次。

按溪湖教會的《溪湖小會議事簿》記載，我是準備在一九五八年十二月十五日受洗的，可是我那天缺席。但我在梧鳳的青年團契卻是風光一時，只是靈性根基不穩。懵懵懂懂的我一直到聽了傳道人說：「生一次，死兩次；生兩次，死一次。」把這句話寫在日記裡，仔細推敲後才慢慢體會到，原來信仰不是只有唱唱歌、參加活動而已，我開始明白基督的信仰原來是要拯救我們脫離永遠的死亡，進而得到一個全新的生命，對永生和永死這個嚴肅的問題應該有個明智的抉擇。

這句話讓我心中很受感動，常常反覆思想，後來也幫助我接受主。

簡單的一句話，把信與不信的結局，把重生（生兩次）的人不必經過第二次的死，而沒有重生的人死後要受地獄火湖的刑罰（即第二次的死）的真理講得清清楚楚，真是字字珠璣。明白「生兩次」就是「重生」的意思，受聖靈感動，我就在神面前悔改認罪，並求耶穌用祂的寶血洗淨我的污穢，打開心門接受主耶穌進入我心中後，我對屬靈的事從此更為認真。

一九六三年十二月一日，警官學校第一個學期結束前，我自覺時機成熟、應歸入主基督的名下，因此在學校附近的臺灣基督長老教會臺北中會艋舺教會主動要求受洗，當時的牧師為戴伯福。從聽道到洗禮雖然隔了好幾年，過程卻充滿神的恩典。慈愛的神愛我、揀選我，藉著一位單眼的福音使者把主耶穌介紹給我，又安排祂的僕人、使女帶領我，使我更認識耶穌。

我家以前也是拜拜的，我聽福音、進了教會，家裡的人完全沒有反對我的信仰，因為我信了耶穌，懂得聽從父母、不做惡事，用好行為證明信仰是對的，就不會有人反對。留學期間，我也一直在學校附近的「華人恩典聖經教會」（Chinese Grace Bible Church）聚會、幫忙。禮拜天聚會完，總會留下來吃「愛筵」。幾十個講廣東話的愛心媽媽各帶一大盤佳餚來，彼此分享。我們幾位從臺灣來的留學生，有的是單身漢，有的雖然結了婚，但是一方面窮、太太又不喜歡廚藝，所以常常什麼也沒帶。但那些媽媽們都很能體諒我們的處境，會替我們多煮一些菜，讓我們這些窮留學生也飽餐一頓、不會尷尬。

教會裡有一位廣東華裔美僑，我們都喚他 Uncle Bill。他的個子還算高，有忠厚、慈祥的面貌，且富有藝術家的氣息。與他相處久了，越覺得他的可親與可敬。他是「和平之子」，不論他走到哪裡都能感受到他和睦、溫馨的氣質。每個禮拜三晚上，他必定帶著妻子一同參加禱告會。領會的在唱完第一首詩後，開放讓會眾選詩時，只要他點唱，幾乎百分百一定又是那首他的最愛〈I am praying for you〉（為你祈求）。唱了幾年，那首詩的副歌，我早已倒背如流，無形中，「我今為你祈求，你也為我祈求，我們彼此代求，代求永不休」這幾句話也不斷地在我裡面激勵、造就我的信心。

有一個禮拜天，Uncle Bill 與我一起當教會的招待，我們提前抵達，站在門口準備分派週報，他突然靠近我身旁，輕聲對我說：「Would you do me a favor?」（幫個忙好不好？）

「Ya, sure.」對他，什麼忙都可以幫。

「Your zipper, please.」

啊！我褲襠拉鍊忘了拉、「石門水庫」大開，羞死人哪！我趕緊轉過身，以最快的速度「噗嗒」一聲拉上，還好他發現得早，不然，站在大門口就糗大了。那件事之後，Uncle Bill 與我之間有了個小秘密，幾次再碰面，彼此莞爾一笑，心照不宣。

經過那次的教訓，我較懂得隨時「自我檢討」，會小心「忙中有錯」，若有錯得盡快改過，若別人有錯，可要盡力以溫柔的心挽回他們。

一九七四年一月，我取得美國加州州立大學司法行政碩士學位。原本，梅可望校長建議我繼續攻讀西北大學交通學院。惟向警官學校申請時，才知梅可望校長已於一九七三年十二月他調，新任李興唐校長表示，照內政部回文說明，留學者是指由本國到外國，我的情況已非留學，與法令不一致，建議我回臺後再說。我知道回臺後就沒機會了，因此決定由二舅子許明雄幫我們申請綠卡，留在美國。就在我透露要搬離、去別處讀博士時，李革舜牧師看我聚會認真，推薦我去讀神學。

因從小接觸教會，高三時還與王倚牧師同住一年，我早就想走神的路。李革舜牧師一提，我看浮生是夢，賺錢、當官似乎都不比救人的靈魂重要，便決定讀神學去了。對於我這個決定，父親及家人也表示尊重。反倒是一些親戚不認同，因為他們原本期望我能載譽歸國，當上警察局局長，好衣錦榮歸。

一九七六年一月，入舊金山神學院神學系，研究「人類犯罪之源由及治本對策」。該神學院是保守派浸信會的，人很少，只有三、四十人而已，而且規定師生一律要穿西裝上課。起初我不明白，為何整天坐著聽課，脖子還要綁條領帶活受罪？後來覺得這也算是「攻克己身，叫身服我」的功課，因為「約束己心」是基督徒、更是傳道人應有的操練。不知約束自己就容易為所欲為，甚至為圖個人的享受，不顧別人的感受。

讀神學時，李革舜牧師把教會新成立的「國語部」交由我負責。教會原本只有中文部，但要將國語翻成廣東話，後來人數漸多，乃分成國語部和粵語部。

我教成人主日學，現學現賣倒也應付自如。久而久之，我發現光有知識還是不足，於是下工夫多背《聖經》、多禱告，常一日當二日用，決心把以前荒廢多年的時光贖回來。一九七七年夏讀完神學院。在住友銀行上班期間，我又去讀了 Simpson College Extention Course 和 Universal Bible Institute Extention Course 二所神學院。

工作後，我把業餘時間都擺在教會，固定在禮拜三、禮拜五義務幫教會開車，接送來教會禱告及參加婦女團契的粵語部姊妹。我總是視工作如副業，而以服事上帝——幫忙教會、服務人群——為我的正業。

幾年後，教會的國語部跟著英語部、粵語部一起茁壯，從起初八、九個人，到新移民及留學生加入，人數愈來愈多，並有臺語翻譯。國語部的拓荒工作遂由我一人獨撐發展成為「七人小組」共同負責。七人中有醫師、工程師，都是從臺灣來的，彼此有默契，我也注重團隊、共事愉快，大家攜手努力奠定了國語部日後發展的美好根基。

七人中大都口齒便給，但教會的牧者並沒有讓我們上台講道。一則我們跟隨主年資淺，《聖經》也未必融會貫通。最主要的是牧者對於「道與人」的微妙關係很清楚。他深信「道如其人」、「人如其道」，所以嚴格把關，不隨便讓人上講台。我們對牧師的嚴謹態度非常敬佩，這對我日後在更生團契的工作大有幫助。我學會「看重生命過於恩賜」、「信仰重於工作」，心裡常有一把尺，就是：「人對了，上帝必然悅納，也必賜恩福」、「人不對，他的道不對，工作也不對，就算工作做很多，很會講道，不過是曇花一現，果子無法常存。」

七人小組雖不能上台講道，卻可以在成人主日學操練講道。心竅習練得通達，舊生命漸漸更新，生活分別為聖，家庭有見證，人由「嬰孩長大成人」，後來一個個也都有機會站上講台。

一九八〇年，我看到報上廣告，說到雷諾（Reno）賭城豪華飯店住一夜，看秀、吃飯只需三十美元，而且住進飯店後，三十元馬上歸還。與妻商量後，覺得平日用心工作，週末又忙教會的事，偶爾輕鬆一下有何不可？何況全部免費，不吃白不吃。決定後，把五歲女兒託人照顧，高高興興開車前往。

想當年，為了賺取學費我曾在雷諾打工三個月，一毛錢也沒賭過，這次當然也不會賭。到了飯店、穿過賭場，正要進餐廳時，恰巧對面走來一對教會的慕道友夫妻。我擔心他們誤會，馬上解釋道：「我們是來看秀，不是來賭錢的喔！」

他們也順口回說：「我們也不是來賭錢的！」

幾場表演，幾乎清一色是上空秀，心裡雖覺不自在，但「既來之，則安之」。在一陣吃喝後，正準備返回房間，才入電梯突然一陣暈眩，我人如蠟消融、力氣全失，於是趕緊蹲下，到了五樓，我身子竟直不起來，只得像狗一樣爬回臥房。躺在床上後我立刻向上帝懺悔，求祂別讓我死在賭城，要死，也要讓我死在教堂的講台上。

這讓我反省到，看秀不是犯罪，可是秀不乾淨污染眼睛，有何意義？住大飯店也不是罪，可是飯店設賭場，多少人在那裡傾家蕩產，甚至妻離子散，如害人淵藪，為何要涉足？同樣是免費，為何不去上帝所造的青山綠水玩，享受陽光及新鮮空氣？更慘的是，那對在賭場碰面的夫妻，從此再也沒來教會了。

教會有個教小學的劉老師，自一九八二年一月底起，她成立的粵語青少年班幾乎是十足的「難民班」。最初是十幾人，後來漸多，她找我幫忙接送蘭喬科爾多瓦（Rancho Cordova）地區的越南難民孩子到教會上主日學。

起初，孩子們上車時，小一點的身上常有一股味道，大概是尿床或沒洗澡；二年後這些味道沒有了，不但沒有，穿著也整齊了。有一天，孩子們參加教會的野餐，其中有一群頭上戴著紙作的王冠，原來是主日學老師用心良苦，要他們像「王子」一樣，爾後，他們每每上車都會唱詩歌，返家途中也一直唱詩歌。看這些孩子生命的改變，讓我覺得辛苦並沒有白費。

原本答應劉老師開三個月的車，在找不到人接手的情況下我只有繼續開，這一開就是三年三個月。每一次去載孩子，我都要先從家裡開小車去換教會的十五人座小巴士，再去接人；聚會完畢送走學生後，再把小巴士開回教會，換開小車回家。長期下來，花了不少時間在「換車」上，我覺得這樣很麻煩也浪費時間，於是上帝感動我自己去買一部中古車。看車時，車主知道我的用途，特別算我便宜。買回來之後，我花點錢整修、噴漆即派上用場，幾年內都沒出狀況，讓我在教會裡的工作都做得很順利。

算起來，我在教會擔任司機志工也有八年之久。那幾年我做得很喜樂，開車駕輕就熟，上帝也保守我從未出過事。在臺灣的監獄事奉，我也曾權充司機幾年，快快樂樂載人，只是所擁有的五十人座大巴士駕照還未有機會一展身手。

一九八五年，有年輕人接棒開車，我那輛小巴士用不著了，就登報出售。第一位來看車的竟是加州郡政府的油漆匠，他一眼瞧見就中意，算一算他付給我的錢，扣除我的買車錢、維修費，以及三年來的汽油費還綽綽有餘，真是奇妙！更令我意外的是，他不但出高價，還免費幫我油漆房子，他出工我出油漆錢。他清晨一來，才二、三下房子就煥然一新，讓我不得不佩服。每次下班回家，開車靠近院子，看到那粉刷得漂漂亮亮的房子時，我的嘴角都會泛起會心的微笑，不禁要滿心讚美上帝的奇妙作為。我想，一個人若肯給出時間、金錢，甚至心力，回收的一定是加倍的祝福。

由於工作愉快、沒有壓力，周末及夜間有很多時間參加教會的活動，這樣「帶職事奉」也有十多年。那段期間是上帝鍛煉我的階段，不論是清晨獨自駕車去舊金山讀神學，抑或在工作之餘與家人共度美好時光，或開車載人去聚會，都是我人生最甘甜的往事。能把一生的焦點放在信仰上並多為別人服務，是我心靈愈來愈富足的主因。

一九八六年聖誕節前，妻看電視，節目末了主持人發出一個挑戰，說：「往年，你們請認識的人吃飯，今年要特別一點，請一個你們不認識的人到家裡過聖誕。」

妻聽了覺得不可思議，「怎麼可能？」不認識的人那麼多，阿貓、阿狗誰敢亂請，不過主持人說的也有道理，愛心總不能只給認識的幾個，度量總要擴充像「老吾老以及人之老，幼吾幼以及人之幼」才對。不過，又有誰敢到馬路上去……「拉客」？妻一時無解，暫且把這事擱下。

隔沒幾天，我辦公室的社工跑來問說：「你們教會有誰家裡有空房？這裡有臺灣來的一家人去賭城辦結婚後，路過此地出車禍，其中二位很嚴重。另二個較輕微，想就近照顧；但醫院的招待所已不能再住，旅館又貴，你看有誰能幫忙？」

下班後，我跟太太談及此事，她正為前天主持人下的「戰帖」而徬徨，聽我這麼一說，喜出望外衝口就說：「就接他們來住啊！」

第二天，一對母女就住進我們家；受傷較重的新婚夫婦，女的在醫院一躺就是四個月，那對母女為了照顧方便，在我們家進進出出也有四個月。教會的人知道他們是鄉親，紛紛到醫院探視，送花、帶書、唱歌、煮吃的，自不在話下。總而言之，就是像扮演「愛心天使」，把「彼此相愛」、「愛人如己」的《聖經》教訓給活學活用出來了。

四個月後，新娘子出院時，就跟著住我們家的她的小姑林仲儀一起走進教會，受洗成為基督徒。事到如今已逾數十寒暑，車禍的那家人及他們許多親友，都成了我們的好朋友。林仲儀唸完碩士回台後，還曾在Good TV（好消息衛星電視台）擔任編譯。

養蜂的甜蜜與啟示

一九八五年三、四月時，妻身懷六甲，天天挺著大肚子，體諒她的辛苦，因此下班後我常會開車載她到附近鄉間兜風。有一天，七彎八拐轉進靠近美國河的人行道前，霎時我眼睛一亮，看見黑壓壓的一團蜜蜂像個大波羅蜜掛在河畔的木樁上。因前一天賣舊車、把車子開去給買主時，正巧看到買主的鄰居在抓前院樹叢裡的一窩蜂。我好奇地問道：「蜜蜂怎麼抓？」

那人不假思索地答道：「很簡單，只要女王蜂一進去，其他就都跟著進去了。」並邊用有葉子的松枝輕輕地把蜜蜂撥往四方形蜂箱裡，沒幾下子，一大群蜜蜂全部乖乖地被他趕了進去。

前一天所聞所見歷歷如繪，望著岸邊那群蜂，我興奮地跟妻說：「我也去買個箱子，把牠們抓回家養。」她沒反對，二人於是驅車去買蜂箱。回到河岸我也摘了一根樹枝，輕輕去撥。畢竟是生手，那一撥不得了，數百隻蜜蜂馬上飛散開來，我見狀趕緊拔腿退後幾步，妻站在不遠處，也看得直冒冷汗。

三、五分鐘後，蜂群又回復原狀，我再試，情況比第一次好；又再試，更好。一次又一次，費了九牛二虎之力，終於把蜜蜂給征服。兩夫妻大鬆一口氣，好像打了勝仗般歡唱凱歌，興高采烈地帶著獵物回家。後來才曉得，這群蜜蜂是義大利種，性較溫馴，牠們是「分家」後，老女王蜂帶著一批工蜂飛離原窩等著找新居、另起爐灶。我給牠們一個「家」，正中下懷，難怪不但不叮我還那麼合作，一場人蜂交戰以「雙贏」收場。得著這群蜂，讓原本沉寂的後院牆角更增幾分趣意。最重要的是，想是神刻意安排，好叫我藉著祂所造之物更深地去認識祂的智慧。

每次讀到《聖經》「流奶與蜜」之地，心中就無限快慰，不但愛慕那話所表明的屬靈意義，對奶與蜜也有相當的好感。美國過去也有許多傳道人養過蜂。例如費城的傳道人蘭斯卓思（Lorenzo Langstroth, 1810-1895）年輕時體弱多病，不得不從教會工作上退下來養蜂，現今養蜂人家所用的活動蜂箱就是他的發明；俄亥俄州浸信會的傳道人威爾遜（William Wilson）在經濟大蕭條時以生產蜂蜜、蜂蠟供女兒讀大學，並且從觀察蜜蜂獲得了不少神所啟示的活生生講道材料，去探訪信徒時也以自己生產的蜂蜜相送，更增幾分人情。

這群蜂開始時約有二千隻。蜂數雖多，但不外乎是女王蜂、工蜂（雌蜂）和雄蜂三種。工蜂雖然成千上萬，但是女王蜂只有一個。其實女王蜂在孵育期間與工蜂並無二致，只因吃多了營養豐富的「蜂王乳」，所以長得特別大。

蜜蜂勤勞、愛乾淨。它們殷勤做工，彼此分擔覓食、築巢、餵幼、守望的工作，因為神賜給它們分工合作的才幹。它們用各式的舞姿表達採蜜的地點，因為神給它們傳遞信息的本領。一隻小小的蜜蜂可以飛往八哩（十二公里）外採蜜而不迷路，因為它具有敏銳的方向辨別力，飛出去前它都會先在上空盤旋，日光定位、聞味道，就不會找錯家。

養蜂讓我看到「植堂」的奧秘，給了我啟示。

植堂，英文為Church Planting，表示從原本的教會差遣部分弟兄姊妹去另一處地方，在新的工場傳福音，領人信主，建立新的堂會。

當「蜂口」過密時，牠們會自動「分家」，女王蜂會先下蛋，培育幾隻新女王蜂，然後讓位，帶著一群子女「出走」，把舊窩留給剛出蛹的「女兒」，我養的那窩即是老一代。這種讓位的美德及自然外展的現象讓我深有領悟。

就在國語部成長到一個規模時開始植堂，經牧者同意後，我與七人中的陳逸毅弟兄一起在位於沙加緬度東區，距本堂約三十分鐘車程處開拓一家佈道所。聚會成員與蜜蜂的分窩不同，他們全都是新人。由於從臺灣來的人很多，因此我在佈道所設臺語團契。一開始，我早上去母堂工作，下午到佈道所聚會，身體雖然疲累，心靈卻是火熱。看到有人生命被更新、家庭變和諧，心中備覺喜樂，疲累也消失無蹤。該佈道所即現在的「以馬內利教會」（Chinese Immanuel Church）。

一九八六年春，牠們又準備要迎接新王了。我打開蜂窩一看，除了密密麻麻的六角形蜂房外，尚有四、五個凸出如花生殼般的蜂房，每一顆「花生」都是一隻女王蜂，不過，先鑽出的那隻會咬死那些未破蛹的。萬一同時出生，雖是「姊妹」也會拚個你死我活。為了不讓牠們自相殘殺，我又去買了三個蜂箱將牠們分成四個家。不久，四個蜂箱全都有了新主，而且每箱都成功地孕育了下一代。同事聽我談起也興致勃勃，我是上班族，無暇照顧太多蜜蜂，就將其中二箱送給二個同事。

養蜂抓到訣竅後，二箱就產了不少蜜。豐收的那年剛好是美國總統雷根（Ronald Wilson Reagan）頒布的「聖經年」（Years of Bible），我因在教會教《聖經》，想到以色列王大衛曾說：「《聖經》的話比蜜甘甜。」就把整片蜜糖切成小塊，以漂亮的塑膠盒包裝，當成獎品送給用功的學生。蜂蜜果然令人垂涎欲滴，一時之間，全教會K《聖經》、背《聖經》蔚為風氣。

養蜂三年，蜜蜂傳播花粉、取蜜，有益於社會，以及「至死忠心」的精神給了我不少啟發。回到臺灣，我仍然在等待哪一天可以教教那些在犯罪邊緣的青少年養蜂，讓他們從觀察蜜蜂的一生學習珍惜與尊重生命，進而為這個社會擺上一己有用的生命。

從銀行襄理，到服務難民的社工

在拿到綠卡前，我繼續在學校修課以便保留學籍，同時去當臨時看護，照顧一位義大利裔的老先生。他患糖尿病，需人幫他整理家務，並載他外出辦事，一天工作約二、三個小時。一陣子之後，他叫我不必做工，只要陪他下棋即可。西洋棋我不懂，還好有象棋的基礎，他教過幾次後立即上陣。只是他輸棋會面紅耳赤，贏棋時則是哈哈大笑，每次都這樣，而且高興時會帶我到外面吃飯。所以到後來，我每局都輸，人也長胖了。

有一回我去服事他，按門鈴沒人應，只聞狗叫聲。職責所在立刻從側面破窗而入。一看他昏倒在地馬上打電話給他當律師的兒子，他輕輕鬆鬆教我一招，沒多久老先生果然恢復了意識。原來老先生那天沒打胰島素，血糖過低才會不省人事。等我把幾湯匙柳橙汁灌進他嘴裡，他就慢慢甦醒過來。從那時起老先生視我如恩人，教我不少人生哲理，至今仍覺受用不盡。

一九七七年夏的某日，打掃完教堂，我一個人坐在教育樓樓梯口思想前面的道路，停車場走來一位小姐，手裡拿著一張紙，她自我介紹：「我叫 Vicki，在住友銀行（SUMITOMO BANK）上班，我們需要一位會講廣東話的人。」

「我會。」我說。

其實我不會，只因為在教會的中文部，廣東話和國語翻來翻去，我跟香港來的基督徒學到一點廣東話，聽多了多少懂一點。

「會，你就來申請啊！」她高興地說。

Vicki 是日裔美國人，個子不高，人長得很甜，她在銀行擔任副理，因華裔的女經理請產假由她代理，但銀行裡不能沒有一個懂粵語的。她就住在教會附近，那是她第一次進我們教堂，為的是來找一位素昧平生的我。

第二天，我去銀行面試，女經理 Kim 與人事主管 Howard 任考官。她們一個用粵語、一個用英語。英語還可以應付，但粵語愈講愈不順，愈不順就愈冒汗，終於「露出馬腳」。沒想到 Kim 反而說：「沒關係。銀行的術語就是那幾句而已，學就會了，明天來上班。」Kim 是革命先烈陸皓東的曾孫女。一九七九年三月二十九日，臺灣發行陸皓東的郵票，她還託我買了一百多張。

銀行的工作是上帝給的，近四年的磨練，祂要我經過「三G」關卡的考驗，好成為祂手中聖潔、合用的器皿。

第一個G是Gold，即「金錢關」。銀行到處是錢，每天看錢、算錢、給錢，不小心會「見錢眼開」。曾有同事貪財，竊取客戶的夜間存款，被發現後解雇；也有異想天開者，沒錢竟還想投資賺大錢，利用違法轉帳而遭處分。

錢是小事，人的靈魂是大事，對錢清清楚楚才能忠於主的所託。既然「貪財是萬惡之根」，每當結帳發現短絀或盈餘時，我照規矩簽名具結不敢馬虎，這也使我日後在更生團契的事奉，在處理財務上一直秉持一個原則——不是我的，一毛錢都不放進口袋裡。

第二個G是Girl，即「女色關」。做了一年後，我晉升為人事訓練部門的幹部，準備當襄理，一邊受訓一邊訓練別人，並指導新進的小姐。銀行常聘用面貌姣好的女子招徠顧客，新聘但無經驗的女子常被派在我身邊學習。美眉每天在身邊，如果不自我警惕，是很容易犯錯的。

由於職務上的關係，偶爾需要一起用餐，但《聖經》有話語提醒：「婚姻人人都當尊重，床也不可汙穢，因為苟合行淫的人，神必要審判。」已經結婚的我怎能不謹慎，所以要一起外出時都會多帶一位，以免落入試探敗壞見證。

第三個G是Glory，即「美名關」。我在銀行做了三年多，工作愈加熟練，但也愈加忙碌。升職後，更為了業績忙進忙出，連去做禮拜的時間都犧牲了——因為銀行常在禮拜六、日舉辦球類或釣魚比賽；為了被訓練成銀行襄理，一下子洛杉磯，一下子舊金山，身為幹部不能不參加。我於是默默禱告，求神賜我一份可以準時下班、不必加班的工作。沒多久，教會中一位香港來的李祿豊（Luke）弟兄在不知情的情況下拿了一張加州郡政府考試的報名表給我，說：「這個很適合你。」工作真的很適合，上帝果然是垂聽禱告的上帝。

一九八〇年，我考上加州郡政府社會服務部成為一名社工。在銀行上班，每天西裝畢挺的，加上有朋友勸我不要離開銀行，說白領階級強過於做「社會服務」的工作，而且，不久升官後將大有可為……，凡此種種，很難不讓人戀棧的。

然而，上帝要我去追求的不是地上榮耀，而是遵行祂的旨意；Kim也說：「你不是第一個來的，也不是第一個離開住友的，你平平安安地去。」因此我毅然決然地把未來當銀行經理的金飯碗辭了，不愛慕名聲與職分，而去幫助受苦的各國難民。

上班後，我心情很愉快，一方面是政府有制度，放假多福利好，可以很正常過家庭及教會生活，另一方面是因為工作性質屬「責任制」；一百多位由我服務的難民，我們代表政府給予福利，讓他們在美國能安頓下來，只要他們平安無事，我也很輕鬆、愉快。

美國是以基督精神立國，堪稱「友愛之邦」，能伸出援手接納從世界各地來的政治難民，殊屬難能可貴，這也是我一做就做了八、九年而不倦的原因。我的難民對象包括來自蘇聯、捷克、波蘭等地及亞洲。最多的是越南難民。一九七五年越共統治後，他們紛紛搭舢舨逃離家園，先到菲律賓、香港等地，再申請到願意收容的國家。他們能到美國來都是經歷「九死一生」，有一半的逃難者不是死於船難，就是在海上遭海盜洗劫殺害。他們逃難時都得用金條買船隻或船位，而每條船幾乎都超載，且因船隻老舊，有的在海中拋錨或翻覆，造成許多的傷亡。

多數的越南難民都好相處，獨獨有一位態度蠻橫，可能因搭漁船漂洋過海時遇到海盜，受過刺激。我身為公僕，也不好對這位常出言不遜的人有所責難。有一回，他向我報告添丁，申請增加福利。我看機不可失，就去超市買了二隻雞送到他家，請他燉雞湯給太太吃。他看我態度真誠，且身為政府人員，無此必要「光臨寒舍」，心中顯然受到感動。從此，與我聯繫時口氣全然不同。

後來，他們全家要搬去洛杉磯，臨走前說要來見我一面。來時，他手上拿著一包東西要給我，我說我是公務員不收賄賂，他說這些東西不是錢買的。我打開一看，原來是五、六條他釣的鮭魚。事隔多年，每每想起這事心中就覺溫馨。我給的是雞，他卻回報我魚。很多人都知道，美國的雞是飼料雞，很便宜，但是，魚喝乾淨的河水，價錢比較貴。算一算，我給五美元的話，他給我的至少多了十倍。

服務難民那幾年，對人間疾苦體會很深。有一年感恩節，教會請他們吃火雞特餐，席間，一越南難民代表致辭時說：「對我們難民而言，天天都是感恩節。」說得也是，來美國不易。但住在安舒的美國也不容易的，有的找不到工作，長期靠政府微薄福利過活，心情很鬱卒；有的夫妻常吵架，弄得雞犬不寧。身為社工人員，總要盡點責任，去安慰、調解。

家庭，是愛的小窩

家是愛的窩，是風雨中的避難所，好好經營，家居樂趣多，可以像天堂。

婚後第三年（1976），大女兒出生了。

「我生第一胎時，他工作辛苦，在醫院等了一陣子，孩子遲遲未生，他跑回去睡了一覺，回來時孩子都生下來了。對這事他耿耿於懷，常以為虧欠，說自己不懂得愛。」妻說。

當時，我正在讀神學院，女兒的出生讓我手忙腳亂的。為了愛女，才從台灣退休的岳母不遠千里而來，幫忙洗衣、煮飯，甚至為孫女縫製新裝。

打從女兒一出生，妻就自己帶，直到五歲後她才外出工作。因為，自己帶孩子有許多好處。

一樣的，我認為讓婦女坐牢弊多於利，因為這對家庭的整合是一大傷害。何況，除因吸安、吸毒坐牢外，有不少婦女只因掛名負責人，不得不「代夫充軍」，真正的元兇還是丈夫，丈夫除逍遙法外，有的還另結新歡，對婦女及子女有失公平。所以，隨時在備戰的以色列，非不得已絕不讓婦女坐監，留婦女在家照顧兒女，反倒有益社會安定，全以色列因此只有一百六十多位女囚。澳洲的民營女子監獄中也只收容了一百多位女囚，因女性犯罪率較低，澳洲人又尊重女性，非不得已不叫女人坐牢，一則減輕負擔，再者，讓婦女做社區服務或看管孩子也有安定社會的作用。

那一段期間，我除了教主日學，最常做的是幫教會開車接送老弱婦孺、探訪會友。女兒那時很小，我們夫婦外出探訪都帶著她去。看著她坐在後座的安全椅上，身子隨車搖晃卻不哭鬧，睏了就睡，心中很覺安慰。她從滿月後就進教會，人見多了不怕生、適應力強、很健康，使我們事奉無後顧之憂。

女兒學會說話後，我們教她要懂得禮節，遇有誰送禮物，一定要看著人說「謝謝」。我們也教她對長輩要「有大有小」，所以見到人，只要我們一聲：「有沒有叫？」她馬上會「阿姨」、「叔叔」，按著規矩打招呼。

一九七八年，岳父母移民來美國與我們同住。後來，當內科醫生的二舅子許明雄在我們家不遠處買了一棟房子給兩老住。自從母親過世後，我愈與岳母相處，愈覺得她與母親一樣高貴。她真的很有眼光，一直鼓勵我們全家要事奉上帝。

女兒快八歲的時候，她想要有個弟弟或妹妹。一九八四年，當妻於二個月時小產，全家人頓時陷入愁雲慘霧，女兒整日哭喪著臉，讀書不能專注。妻和我看了於心不忍，於是毅然決然打起精神，拿出聖詩大聲與女兒一起引頸讚美，效法初代教會聖徒保羅在獄中夜半高歌苦中作樂。果然過沒多久，我們的心情逐漸平靜，日子也不再那麼難過。隔了一年，妻再度懷孕。妻說：

我再懷孕時，他陪我去上拉梅茲課——這是一種藉著呼吸法幫助產婦減輕痛處的方法。待產的十餘小時，他隨侍在側，提醒我別忘了做「呼吸」，看見我經歷生產的痛苦，他告訴親友說：「巴不得能替她生產，我學過氣功，力氣較大。」兒子生下來時，他說baby全身顫抖不已，怕冷也沒有安全感，他牽著baby的手整整一個半小時，愛不釋手。

老二是在植堂幾個月後出生的，他可說是教會內愛主的老媽媽禱告出來的。老媽媽見我們夫婦為上帝工作認真，卻只有一個女兒，太過單薄，於是迫切為我們代求，祈求上帝賜下一子。果然，時候一到，八年難以再孕的妻也順利懷孕生子。

兒子誕生後，女兒最開心。一家人無論要到哪裡，女兒一定會幫忙預備奶瓶、尿布，儼然像個「小媽媽」，成了妻最得力的助手。從此我們對女兒更有信心，女兒待人接物也較前老練、成熟。

養蜂三年，我學會蜜蜂那樣「愛家」，因此，除非有必要，我幾乎是天天下班後像隻採足了蜜的蜜蜂，一定踩著「蜜蜂線」（Bee Line）直線回家，絕不找理由在外逗留。一樣的，建立親密的親子關係，讓孩子們從學校一下課就像蜜蜂採足了蜜，踏上「蜜蜂線」一般直線回家，根本不會被引誘、好奇去吸毒。

美國小城裡，交通不擁塞，時間都能算得很準，到家時妻早已把香噴噴的晚飯擺在餐桌。孩子們一呼即來，四個人按輪流謝飯後，欣然開動。一時只見刀、叉、筷子交錯飛舞，個個大快朵頤、喜氣洋洋。

妻子的烹調雖不算高段，卻從沒讓我嫌過，不單是我愛說造就的話，其實，她為全家人能吃出健康，已盡心力，我何忍生怨？

婚後，妻跟著我到國外讀書，她學營養、教營養，孩子陸續生下來後，照她的食譜吃，個個健壯活潑鮮少生病。女兒八歲剛學會寫字時，就常在快樂的晚餐後遞張紙條給妻說：「媽咪，妳是全世界最偉大的廚師。」

我們的家，是神降福的愛的小窩。

第二部

穿梭於牆內與牆外的人

叫被擄的得釋放：更生團契的呼召

主的靈在我身上，因為祂用膏膏我，叫我傳福音給貧窮的人；差遣我報告：被擄的得釋放，瞎眼的得看見，叫那受壓制的得自由。

——〈路加福音〉四章十八至十九節

一九八六年春，某日靈修時，《聖經》的這段話觸摸到我的心，常在我腦裡翻轉，靈裡也隱約看到一群留三分頭的年輕人擠在一起聽講。

想起初中時去教會蒙了恩，我想，應該是我飲水思源，回去「還福音的債」的時候了。有感動就得有行動，因為對家鄉的教會常有負擔，因此我寫信給梧鳳教會，在回鄉探親時安排三天的聚會，心中期待著能看到一批青少年。但是，每每出現那句話「被擄的得釋放」，心中就向主說，若能到監所探望，豈不是也很好嗎？

未等梧鳳教會回音，我就利用二個禮拜的休假，帶著妻子、兒女在七月一日返臺。

一下飛機，「叫被擄的得釋放、受壓制的得自由」這句話又在耳際響起。我心想：「被擄的」、「受壓制的」不就是監獄裡的人嗎？於是打個電話給在土城的臺北少觀所（今法務部矯正署臺北少年觀護所，簡稱臺北少觀所）林茂榮主任（即今之所長一職）。

在當時，典獄長大多是我的學長或同學，只是十幾年來很少與他們聯絡，因此當我說「我是黃明鎮」時，他一時想不起來。還好，讀書時，因為我是基督徒，飯前都要禱告，有一次我低頭謝飯，與我同桌的同學陸榮良竟尋我開心，把我的飯菜藏了起來，當我「阿門」一聲、祈禱完畢抬起頭來，他帶頭哄然大笑，並給我取了個綽號叫「阿門」。從此，學校裡沒人不知道誰是「阿門」。因此，我改口說：「我是『阿門』啦！」

「喔！阿門啊！你回來了？」

「是啊！能不能到你們的觀護所教化、教化？」

「歡迎光臨！」

於是，回鄉下前，我先到臺北少觀所。那一天是晴天，進了臺北少觀所，看到工場裡一群約七十個古惑仔，個個理三分頭，腳跨坐在板凳上瞪我。看到他們方才省悟，原來之前在靈裡隱約看到的一群留三分頭的年輕人正是這批「問題少年」。我一開講便聽到隆隆雷聲，山邊全變了天。當時沒用麥克風，我怕聲音太小，愈講就愈靠近他們，並聲嘶力竭地提高嗓子，愈靠近就愈對他們身陷囹圄起了憐憫之心，可憐這些孩子如果能像我在十二歲時就去教會，今天應該不會來這裡。

呼召時有許多人舉手，叫我甚覺驚奇，後來自其福音工作人員的口中得知，他們已經在那裡做了多年的工。

隨後到女生部門，有教會婦女團契的人來教她們唱詩，二十多名少女，有的因為吸強力膠，有的因為偷竊而進來，福音藉我傳出後也有多人決志，同樣也是因為早就有人播種，所以才有果子收。

接著到臺北士林看守所（今法務部矯正署臺北女子看守所，一九九八年二月，遷到土城）。所方安排好近百人擠在一間工場裡，多位工作人員遠遠站在那裡注意他們，免得因人多滋事，他們年紀從二十到六十歲不等。有的人因作案累累，臉上刻劃著愁苦，沒有平安。只是他們很注意聽講，神也感動他們，多人願意信耶穌。

之後再去在彰化田中的臺灣彰化少年輔育院（今法務部矯正署彰化少年輔育院）。那裡的環境像個中學，只是有很高的圍牆和重重深鎖的門。李懷遠院長很客氣地接待我們夫婦，並把教職員及全體學生召集在大禮堂，讓我們有機會向他們講話。感謝主，也有學生舉手要信。午餐和學生們一起用餐，之後也有機會與決志的女學生交談。我們也到附設的「少年之家」去參觀，那是專為更年輕的少年設立的，有愛主的吳翠華姊妹等在那裡服事，給他們一個溫暖的「家」，好叫他們受主愛的感召而歸正。

過幾天，我們又去了在雲林的臺灣雲林看守所（今法務部矯正署雲林看守所）。我先向雲林少年觀護所（今法務部矯正署雲林少年觀護所）裡的十個少年傳講福音，他們個個睜大眼睛聽，只是沒人舉手決志，但我也感謝主，因為主給我機會撒種。隨後到看守所的女所去，約有二十個人來聽講，其中有的是犯票據法、有的是偽造文書，雖然也沒有人舉手信主，但有人聽妻見證時受感動，甚至有流淚的。

之後再回梧鳳教會傳福音。梧鳳教會雖設立三十年之久，但極軟弱，此次正值傳道人與長老不合，教會元氣大傷，失去見證，幾乎看不到什麼新人來。我有三天的機會與他們交通。參加的人大大小小約三十個人。我對他們少年人的獻詩有感動，極力鼓勵他們做好青少年的工作。

和更生團契的因緣，是在彰化少年輔育院的探訪結束後，那時年輕的黃紀華老師走過來自我介紹說：「我是更生團契派來的駐院女傳道。」

「什麼是『更生團契』？」我問。久不在臺灣，對臺灣的情形如井底之蛙。

她說：「更生團契是在臺灣各監獄傳福音的單位。」

「很好，在美國，這種團契有三百個。」我簡單的回答。

她又說：「我們的創辦人是陸伯伯。」

「誰是陸伯伯？」我在美十幾年，對一些名人是有眼不識泰山。

「陸伯伯就是以前的典獄長，他提前退休，設立了更生團契。」後來，她給我陸伯伯的電話，要我跟他聯絡。就這樣，我認識了陸國棟先生——財團法人基督教更生團契臺灣總會（Prison Fellowship Taiwan，簡稱更生團契）的負責人。

陸國棟先生，曾任宜蘭監獄典獄長、新竹少年監獄典獄長，編有《獄政法令彙編》、《刑事矯治法令彙編》等書。主持宜蘭監獄時，因去教會而信了耶穌，之後大發熱心，利用禮拜天親自向受刑人教化，只要願意悔改的，通通給他們機會受洗為基督徒。調到新竹少年監獄時，他邀請鄭昌世牧師到獄中擔任頭一位駐監牧師，長期耕耘的結果，悔改的人數眾多，打架、鬧房的事就相對減少。

在當了二十多年典獄長後，有一天，時任司法行政部（今法務部）部長查良鑑先生召見，問他說：「陸典獄長，你當典獄長這麼多年，有哪一個人因你而改變的？」

他想一想：「報告部長！好像沒有。」

「沒有，那你就不要幹了。」他嚇一跳。

接著部長又問他說：「你覺得鐵窗能拯救受刑人嗎？有人因坐牢而變好嗎？」他心虛，無言以對。

反省之後，他認為監獄的意義不應只是消極的處罰罪行，更應該積極的救贖生命。唯有福音能使受刑人心靈改變，靠著信仰的力量才能使曾經在黑暗中浮沈的人邁向光明。

為幫助更多人得到改變，他提前退休，先是擔任法務部更生保護會副總幹事，幫助受刑人解決出獄之後的工作問題，同時聯合全臺對這工作有負擔的基督徒，推動成立監獄福音團契，專門從事監獄佈道工作。

一九八一年九月二十九日更生團契正式成立，以主耶穌基督為首，並設董事會，置董事五至七人，任期三年，連聘得連任。董事會由董事推選一人為董事長，對外代表團契，對內處理會務，其下聘總幹事及副總幹事。正式差派牧師到監獄，以「引導受刑人悔改歸正，藉聖靈更新他們的生命，並幫助他們過正常的生活，使他們出獄後不再犯罪，以減少社會問題」。

由於臺灣並無駐監牧師制度，牧師只能以志工身分從旁協助。但牧師天天陪受刑人禱告、讀《聖經》、協談，深受受刑人喜愛，監獄因此囚情穩定，更肯定牧師的功能。消息傳開後，各監獄紛紛請陸國棟先生派牧師給他們。

在回美國的前二天，我打電話給「陸伯伯」陸國棟先生。接電話的姊妹說他人不在，我交代幾句正要掛斷，她突然說：「喔！等一下，陸伯伯上來了。」

上帝的時間算得真準，更生團契是在四樓，沒有電梯，這通電話若沒接通，我回臺灣只會是蜻蜓點水不著痕跡。

當時約下午五時，陸國棟先生要我去見他一面。上帝的安排真是巧，我住的親戚家剛好在更生團契隔壁的巷子，走路不到二分鐘。我們見過面談了幾句，電話響了幾次，頻頻催促他赴會，他說：「這樣，話沒說完，明天請你們夫妻吃中飯，繼續談。」

我們雖有推拒，無奈他盛情難卻。

第二天我們在松江路、長春路口的六福客棧地下一樓吃自助餐，從中午談到下午四時。陸國棟先生說他已七十歲，「現在像一部老爺車，開得還可以，但不知哪一天會拋錨。」於是與董事們禱告，求上帝給他一個接班的人。說著說著，陸國棟先生舉起右手、伸出食指，莊重地指著我說：「我想你就是那位上帝要給我們的接棒人。」

我和妻見狀，覺得不可思議，面面相覷，不敢吭聲。

他看我們沒反應，也覺得不好意思。「沒關係、沒關係，你們回去美國後禱告、禱告，如果有任何的感動，就要順服喔！」陸國棟先生說。

舉家返台二三事

二天後，在返美的機上，慶幸自己像蜻蜓點水般，只需在這裡做短暫的停留的妻問我說：「我們不會回臺灣吧？」

我心想，我們夫婦在美國都有工作，收入也不錯，教會事奉更是順心，而且二個孩子都在美國出生，岳父母也年事已高。何況女兒這回第一次到臺灣，被蚊子咬了五十個疤，印象惡劣；才一歲一個月的兒子，吃東西瀉紅痢慘不忍睹。因此我根本沒有回臺的理由與打算。放下十七年辛苦打拚的基礎？令人不敢想像，也不可能吧！因此，我回答說：「不會吧！」

沒想到，陸國棟先生的話是認真的，沒多久他就來信說：「更生團契董事會已經通過聘請你來擔任總幹事，希望能在三個月內答覆。」這對我來說是人生的一大考驗與抉擇。

經過多次禱告後，我自上帝領受很大的感動。我想到，其實受刑人更需要耶穌，因為「康健的人用不著醫生，有病的人才用得著」，受刑人需要福音幫助他們走一條正路，於是，我毅然決然回臺投入監獄事工之中。

妻也是。她說：

奇怪的是，回美國後，每當在眾人面前提及臺灣的種種，我就似乎背負重壓，情不自禁地熱淚盈眶。夜靜更深時，臺灣廟宇、電視上、計程車上的偶像、占卜、算命等迷信的情形，治安的不穩定……令我反常的無法入眠，斷串似的淚珠幾次濡濕了枕頭。當時在日記中寫：「我捨不得離開美國，我的親戚朋友都在這裡。後院、前院十幾種結果纍纍的果樹令人留戀……。然而，這是我的想法，是我假定主對我沒有呼召，如果主有明顯的意旨，那又另當別論了。」

在許多事上，我與外子常有不同的看法，唯獨返臺服事這件大事，我們卻有一致的感動，這是另一件叫我稀奇的事。事實上，為著今日的呼召，主耶穌已經在過去多年間預先操練、鋪了路。祂付出了多少的愛和忍耐！多年前，我從臥室眼望窗外，默默地對主說：「主啊！若呼召我丈夫，也要呼召我，否則我會走不上去。」祂從這處知道我的意念，我無聲的話語祂聽見，並且應允了。因此，我對祂說：「主，我在這裡，請差遣我！」我也能對弟兄說：「你往那裡去，我也往那裡去。你在那裡住宿，我也在那裡住宿。你的國就是我的國，你的神就是我的神。」（路一：16）

我們與年紀已八十的岳父母商量。他們都很捨不得，好像遇見了晴天裡的霹靂。丈人說：「臺灣人才那麼多，你們在這裡服事得很好，何苦老遠的要調回臺灣？」當岳母禱告後，清楚知道我們回臺是出於上帝的呼召時，就對岳父說：「父母雖大，但上帝比我們還大。」他們愛主，願意割捨，教會方面也允諾照顧二位老人家。其實岳母早先曾在夢裡看到異象，見我站在教會的講台上證道，成了全職的傳道者，所以才全力支持，放心讓我們一家人回臺參與更生團契的事工。因著他們的肯割愛，我們在臺灣也做成了一些工作，而美國那邊的教會因常有人去陪她，操練愛的功課愈多，教會愈復興，人數也增長了幾倍。

事情有了妥善安排，不到一個月，我便函覆。不過，我告訴他們說：「我才設一個佈道所，請再給我二年。」

他們說：「二十年都等了，二年沒問題。」

雖然如此，女兒知道要回臺灣定居，幾個晚上哭泣、睡不著，並寫了一封信向一位青少年雜誌的主編訴苦。她對我們說：「你們這樣做，對弟弟和我都不公平，神呼召你們，祂可沒有呼召我！如果你們不能將我留在美國，何不送我去孤兒院？」我能了解她心中的感受。因為女兒第一次回臺灣，印象非常差。

我和家人回去父母的家鄉——臺灣——探親。我從未去過臺灣，我也不喜歡臺灣，除了燠熱、髒亂，到處是人外，臺灣的人並不很友善。到處都可以看見惡言相向的吵架、超速的計程車，還有算不完的「理髮廳」，在那裡，男和女除了不理髮外，什麼事都做。

教會眾兄姊於是迫切為女兒禱告，主也讓她經歷一些奇妙的事。回臺前不久，她寫了封信給我們，說：「有一件事也許你們會覺得好笑，但我還是要告訴你們。雖然現在離回臺灣只有三個星期，但我已經等不及啦！」。「古實人不能改變膚色，豹不能改變身上的斑點」（耶十三：23），但在人不能的事，在神凡事都能。

為了要適應回臺灣，我們還訓練過清貧的生活，冬天不開暖氣，夏天不開冷氣。家具等該給的給，該送的送，反而覺得家變大了。

一九八八年五月底，妻辭去加州大學柏克萊校區向聯邦申請補助的社區低收入戶營養指導師這份工作。「作夢我也沒想到，在美國住了將近二十年，我們還會回臺灣定居。向來我最怕當傳道人的太太，出乎我自己意料的，如今，我卻歡歡喜喜地走上這條既艱辛又蒙福的路。」妻說。

教會為我們舉行歡送會，會上有位弟兄說：「我們應收拾起悲傷的心，歡送他。因為他們已見到榮耀的大老闆，蒙祂的恩召。他們像帶著紅帶子入伍當兵的士兵一樣光榮，我們該放鞭炮送行才對。」

我為什麼獻身？

早在年輕的時候，我就蒙恩，雖曾一度隨俗，生活上未多分別為聖，但在內心深處，我知道我是屬主，祂也是屬於我。

其實，祂早就揀選了我，只是後來在祂安排的各種操練過程中，使我深深體會並認識，原來祂是這麼配得我服事跟隨的神，我就是傾全力來為祂服務也心甘情願。而且，我備感榮耀地能夠追隨這位比地上君王更尊榮的神。

我在美國很久，是神的美意，要我去學習一些生命中必要的操練功課。神讓我經歷窮學生打工賺學費的苦楚，婚姻上也進一步學習相敬相愛；在神學領域裡多一點探索，更在教會配搭事奉上磨練如何與人共負軛而不必產生摩擦。回顧這一切，原來都是主在那裡預備，不但預備我，也預備我妻子、孩子有足夠的順服，所以當臺灣監獄福音工作需要負責的人時，神就藉著我們短期回臺度假時呼召我和我一家人全心服事祂。

神奇的是，二〇〇四年八月中，我和妻至美國休士頓訪問，在西南國語教會主日證道，晚上參加在李秋霖牧師師母府上舉行的「牧師師母的聚餐」。席間，我問潘劉慰慈師母說：「雖然我們是首次見面，但我感到有說不出的親切……。」

潘劉慰慈師母說：「怎能不親切呢？您們全家尚未返臺前，我就開始每星期一晨禱時忠心為您們暨監獄福音事工、同工……提名禱告了。」原來！早在一九八六年，陸國棟先生即請潘劉慰慈師母「為更生團契未來總幹事接棒人黃明鎮牧師禱告，求主早日引導他們全家由美回臺」，這……。

我依一九七四年制訂的〈行政院青年輔導委員會協助國內外碩士以上人才就業實施要點〉申請補助海外留學生回國服務的旅費，攜妻與一子一女返臺。一九八八年六月二十八日抵達中正國際機場，陸國棟先生流著歡喜的眼淚迎接我們。想當年我到美國留學只是想拿學位，以便早日當上警察局局長，然而，十七年後回到臺灣，卻是一位全職傳道人。

感恩吾妻，如果不是她肯放下多年在美國打拚的基礎，以及舒適的生活與工作，跟著我帶著二個稚幼的孩子回臺灣，恐怕我一個人也走不了。

為了方便，返臺前我先請親友幫忙在更生團契附近租一公寓。回來一看，房子在四樓，由於之前是報關行，因此客廳很大，臥室不僅很小，而且只有一間。女兒說：

我們找到了一間有冷氣的公寓，很少窗子，沒有廚房。這房子對一家四口來說是太小了。我感到很失望。最大的一個房間跟我們加州家裡的廚房一樣大，小的房間與我們以前的浴室差不多。

更糟的是，我們抵臺的第一天，就在那個小臥室的牆壁上見到了一隻比我爸爸手掌還要大的黑蜘蛛。我們求神預備一個較適合我們住的房子。我偷偷地告訴神，不要再有蜘蛛。

沒辦法，只好暫住親戚家。妻與女兒每天到外面找房子，由於正值初夏，燠熱異常，常常滿身大汗，卻「看」不到一個房子。但是，頭一個禮拜天到教堂聚會，當一首詩歌唱到「你所需要的，我全部預備」時，聖靈同時對我和妻說話，我們夫婦都很感動。我以手指著詩歌本上那句話，輕聲地對妻說：「房子的事妳放心，妳看，主說：『你們一切生活所必需，我已經為你們預備。』」果然，次日，我們就租到房子了。五十公尺處有公寓要出售，屋主知道我們是留美的，突然改變主意，乾脆不賣租給我們。在一棟四層樓公寓的三樓，距離辦公室很近，走路只要三、五分鐘，十分方便。

女兒不認識中文，學校未開學，成天唱著她自編的歌：「孤單、孤單，我真孤單！」有一次，我、妻子靈裡特別低沉時，主讓美國的四位親戚不約而同地在同一天打長途電話來。祂深知我們的有限，顧念我們的軟弱，常以恩手扶持，更使許多朋友和信徒以濃濃的厚愛包圍我們。

九月開學，女兒去唸伯大尼學校（即馬禮遜美國學校臺北伯大尼校區），之後高中是讀臺北美國學校。這讓女兒獲得保護，不像她在美國的其他同學，或吸毒、或有男女關係。

家居的樂趣莫過於一家人能齊聚在餐桌上，享受彼此相處的時間。

雖然妻不熟悉這裡的菜市場，提菜籃、推手拉車、過馬路都極不便，但妻仍像過去細心採購，用心預備。孩子們下課回到家後，她已備妥晚餐，只等著勞苦的丈夫踩著佳美的腳蹤進家門。久了，孩子們都因「爸爸回家吃晚飯」覺得被愛，有信心，充滿安全感，心智的發展也都正常。

餐桌上，菜色常變，雖有時僅是清粥小菜，因著一顆感恩、喜樂的心，卻也有如享用豐筵。飯後，我常撩起袖子洗碗、拖地板，也算是對妻子的慰勞，偶爾，孩子們也會幫幫忙做家事。

時日愈久，晚餐的味道覺得愈來愈濃，濃到彷彿每一盤菜盡多加一味，就是「愛」。因此，多年前臺灣發起「爸爸回家吃晚飯」運動時，我就頗不以為然，認為這不是天經地義的事嗎？臺灣的男人忙於賺錢，但是，錢能買到天倫之樂嗎？寧可多花點時間給家人，享受家庭愛，免得常在外面與人吃喝，接觸太多不應該接觸的女人而產生婚外情，那就真糟蹋了幸福。

只是「臺北居，大不易」，想在住商交錯共存的情況下擁有幾分寧靜，幾乎不可能。我們租住在公寓三樓，隔壁住有五、六名清晨三、四時方歸的女子。每次他們回來時，腳步聲、狂笑聲都大到把人吵醒；遇到有問題男人尾隨時，其喊叫聲、敲門聲、踢門聲也足以吵醒整棟公寓住戶。更過分的是，女子若不開門，男人就揚言放火；即使打開也是一場吵鬧、一頓毒打。在此情況下，鄰居豈敢干預？忍氣吞聲了一年，「夜貓子」終於搬走，以為從此天下太平，那知隔壁棟一樓的啤酒餐廳新開張，酒客天天喝到三更半夜，划拳的叫聲、女子陪酒的打情罵俏聲……不絕於耳，我們每晚差不多都是「分段睡眠」，睡睡醒醒、醒醒睡睡。我們曾與餐廳老闆溝通過，但沒效果，只能忍、忍、忍。不久，餐廳又在二樓經營卡拉ＯＫ，每晚酒客酒過三巡都會登樓高歌一曲，高分貝的喇叭直衝三樓。

一九九三年榮獲吳尊賢基金會第六屆愛心獎時，我們住的這棟公寓裡，由於沒有管理員，也沒大門，承租戶份子複雜外，樓梯間到處是垃圾。自忖既得「愛心獎」，怎可沒有愛心？於是天天撿垃圾，偶爾再用清水洗樓梯。可惜國人亂丟垃圾的習性難改，我撿不勝撿……。在忍無可忍下，加上後來屋主缺錢要賣房子，我們不得不搬。

剛好六十公尺外有公寓要出租，租金便宜更近辦公室，我們毫不考慮地搬了進去。住了半年多，屋主說他兒子要結婚需要房子。雖然照一年期的契約我們不必馬上搬，但「君子有成人之美」。

又剛好正對面的公寓空出，便僱了常騎著三輪車在巷子裡喊「簿子紙、報紙通賣否？」的歐吉桑，用三、四個小時，一起把家具運了過去，錢和時間省很多。

住了不到一年，屋主說他兒子和媳婦「剛好」從南部調到北部任教，需要這個家。

搬家實在辛苦，我想求再住一段時間，等兒子國中畢業，但人家兒子也沒地方住，將心比心，搬了。

又是巧合，剛好三十公尺處有一家公司的房子空著。過去的房客不好，屋主乾脆不租，聽說我們從事社會公益，願意降價四千元讓我們進住。這家在二樓，是最大的一間。樓下有餐廳，隔壁是旅館，對面有公園。雖然有時半夜外面還是很吵，樓梯間也常有菸味，但靠近辦公室，方便就好。

我回臺「處處無家」卻「處處是家」。不但臺北有住家，在外借住過上百家不同的地方，正是應驗耶穌所說：「為祂撇下房屋，必要得著百倍」的應許，這是巧合還是神的巧思？

接手更生團契

七月一日，我到更生團契報到，薪水不到原來的五分之一。想當年我到美國留學時只是想拿學位，好回臺灣與同學一較長短，早日登上警察局局長的寶座；求學期間甚至常夢見自己胸前多了一顆星而沾沾自喜。然而，夢歸夢，人算不如天算，歷經千山萬水之後，最後是成為全職的傳道人。

雖然我是總幹事，卻從不覺得自己是「老大」，也從未吩咐任何人拿一杯水給我喝。我有手有腳，要喝水自己拿。我常跟辦公室的同工說：「這裡沒有誰大、誰小的問題，只有搭配得好不好的問題。」

有一次，我同學周榮村打電話來找我，「請問你們黃總幹事在嗎？」當時他是刑警隊隊長。

「我們總幹事外出，不在！」辦公室同工回答。

我那同學頗富幽默感，就打趣幾句話，說：「哦！你們『老闆』不在，那你們就輕鬆了，可以喝茶、看報紙囉！」

「先生！對不起，我們這裡沒有老闆，我們的老闆在天上。」

他顯然不了解基督徒服事的對象是上帝，上帝才是老闆，我們都是僕人。

他後來升為二線四星的臺北市政府警察局中山分局副分局長，卻因涉及周人蔘電玩包庇案而被拘押在臺北看守所二個月，交保後不久便中風，從此行動不便、言詞不清。我去看過他幾次，也沒辦法幫他什麼。

值得一提的是，辦公室的經費雖然短缺，陸國棟先生卻為我留下一萬元，想給我買張較大的辦公桌。我說，用舊的小桌子就可以了。就拿那一萬元買了一台電冰箱，放在辦公室給同工用。因同工早上帶便當來，沒冰的話，吃了不衛生。

我雖然讀犯罪制裁學，但從未有過坐牢的經驗，深恐「經驗」不足，對受刑人的輔導只是隔靴搔癢，為了進一步了解監獄中人的心理及其生活情形，我問一位曾是警官學校同學的典獄長說：「喂！可否關我一個禮拜？」

「你要害我？我關你，我自己也要被關！」

後來，我找了另一位也是警官學校畢業的典獄長同學莊正忠，安排我在桃園的臺灣桃園少年觀護所（今法務部矯正署桃園監獄附設少年觀護所）中「坐牢」一天，親身體驗鐵窗下的滋味。經不住我的不斷懇求，他最後只好答應，後來還問我說：「要單人床，還是雙人床？」意思是「獨居房」還是「雜居房」。

我想以老師陪學生的方式同住，而且只住一天一夜，於是說：「隨便啦！」

我選了一個好日子「欣然」入獄。那裡坐著一百多個少年犯，我先給他們「集體教誨」，然後再到工場裡的角落坐下。一百多位在做手工的「同學」（獄中人稱）看到我與他們在一起做工，都很驚訝，幾個小時後跟我熟了，十幾個小孩子走過來，很開心地跟我聊天，快到下午五時「收封」的時候，有個孩子問我說：「叔叔，我們第五房還有一個空位喔！你晚上要不要來跟我們睡？」

「看看！」我說。他們其實都還不曉得我會與他們一起生活二十四小時，只覺得我上完了課，怎麼還不走？出於孤單，他們希望我可以陪陪他們。

晚餐吃的比我家的還豐富。每人一條魚，又有鵝肉、青菜及苦瓜排骨湯，我頭一遭吃「牢飯」，機會難得，細細品嘗，那知他們個個狼吞虎嚥，草草結束。大概失去自由的人，山珍海味也沒什麼味道。

飯後，大夥列隊進入舍房，我還不知睡哪裡，因此先到戒護科休息，並告訴林金藏科長（後來也升任所長，現已退休）說已經有人邀請我了。晚上六時餘，林金藏科長送我到第五房。當房門一開，孩子們看見是我，都露出笑容。林金藏科長把房門「卡嚓」一聲上鎖後，我往後一看，怎麼門上沒有「把手」？而門又比家裡的厚一倍，頓時之間，我覺得「失去自由」了。

七個孩子當中最小的只有十三歲，有的是獨子被寵壞，有的是家庭人口過多、督導不周……。那夜，在擺著四張上下舖的房間裡，我們八個人談了好幾個小時，我把小時候怎麼去教會，後來怎麼會當警官的事都告訴他們。他們也把怎麼會關進來的原因講給我聽。有的說他們沒有爸爸，有的說被壞朋友拖下水，其中有一個還是殺人犯。談過之後，我發現他們會進監獄不外乎是家庭的問題，以及交友不慎。

在房裡，孩子們都很聽話，但外面的戒護人員還是擔心我，怕我被他們「修理」。巡房時都會從窗口探視裡面的情況。晚上八時多，林金藏科長開門進來巡視，吩咐小孩子要聽「老師」的話。當我看到他進來時，彷彿自己的親人進來「探監」一樣，感到很高興。

由於天氣燠熱，房裡又沒有電風扇，僅有的一台抽風機抽不走熱氣，我又不習慣「坐牢」，所以整夜難眠。第二天一大早，我早已睜著眼等起床，因為，照規定要到七時才能起身，等盥洗完畢後才「開封」（出房門）。所以我把握這一點時間帶他們禱告，祈求上帝賜福這一天。

一進工場，他們開始踏步唱軍歌。人多，屋內有迴音，聲音有夠雄壯。八時十分吃早點，有饅頭、稀飯等；飯後他們開始做手工，拼裝花朵及塑膠聖誕紅等，像工廠裡的小工（現在少觀所都改為上課讀書）。我一邊做工一邊跟他們聊天，相處久了他們也就無話不說。

獄中煮給全監千人吃的大鍋菜雖沒有色、香、味俱全，但營養絕對夠。政府有錢，加上考量受刑人的權益，伙食幾乎比一般家庭好，有的受刑人因運動量少、吃得好，監獄還得為他們開課跳「韻律操」減肥。比起我在外國看到的，臺灣的監獄好多了。受刑人有好的飲食，心靈又能得到淨化，出獄後，身體健壯靈魂興盛，若能回饋社會，這樣就沒有白關。怕就怕他們執迷不悟，不肯虛心受教，只是練就一身肌肉，出獄後就真的「如虎添翼」了。

受刑人忌諱說「再見」，我「出監」時還是說了。隔沒幾天，第五房的七個孩子共同寫來一封信，謝謝我去陪他們一天一夜，信的末了還加上PS，說：「叔叔，你什麼時候再回來？」因著這句話，我對青少年特別有負擔，激發我設立「信望愛少年學園」，收容有需要的邊緣少年，教他們一技之長，幫助他們讀書、信耶穌，好讓他們都能改變心性，走向正途。

監獄像隔了層薄紗的新娘子，十分神秘，沒關過的人難窺其貌。我親嘗鐵窗滋味、有了經驗，教化受刑人時比較「內行」。否則，我初返臺灣所知有限。

由於我們的財務總是赤字，為了拓展工作，有一天我跪在辦公室禱告，求主差派工人也供應「日用飲食」給我們。沒幾天，有人打電話來，隨後不久，由住在新店中央新村的那些老國代的太太們組成的「基督肢體互愛團契」差派了三位姊妹到辦公室來，說她們都已七、八十歲了，想傳福音，卻心有餘而力不足，問我可否找人代替她們。她們知道我們的需要，特地來了解我們的工作。當場從皮包裡掏出二萬元，表示從今以後，每月會固定支持我們一位駐監牧師的生活費用，請我們代替她們關心受刑人。

過了約十年，她們有的蒙主恩召、有的出國與兒女住在一起，剩下沒幾位在聚會，但她們的支持從未間斷過。我心想，哪一天她們來信說奉獻要停止，我仍會感謝她們。沒多久，她們是來了一封信，不過寫道：「知道你們很認真在做，從現在起，每個月增加二千元。」

更生團契的工作包括犯罪預防、犯罪矯正、犯罪修復，可謂使命艱鉅，但卻只有八十幾位全職同工，實難勝任，幸得一群志工好友鼎力相助。有的出錢，長期資助我們工作同仁的生活所需；有的出力，有數百名志工受主愛的感動，常寫信給受刑人，或親自跑到監獄去，定期探監去佈道或造就的志工及牧者也不少；他們多數沒有報酬，除自掏腰包付車費外，有的甚至通信、探監及奉獻全包辦，一人兼三職。

臺北監獄有四千名受刑人，教化能力嚴重不足，教誨師一人要負責四百人，根本無暇輔導。探視幾次後，我便邀請馮錫剛牧師每週一次撥空與我們同工，牧師徵得教會同意，得到弟兄姊妹的祝福，每個禮拜四下午固定與我們同赴監獄教化。

馮師母也常與受刑人通信，像陳進興及考上臺大不能就讀的楊姓受刑人，都受過馮師母的鼓勵及《聖經》的教導，生命有所轉變。

陳章雄牧師在教會牧會之外，也在各地教神學。我邀請他到監獄輔導一位受刑人阿安。阿安從小無父無母，十二歲即浪蕩江湖參加幫派成了打手，因盜匪案被判死刑時，在臺北看守所參加更生團契的聚會信了主，後來法官憐憫他身世悽涼又有悔意，改判他無期徒刑。

陳章雄牧師原本厭惡犯罪的人，覺得他們咎由自取受苦活該。倒是陳師母悲天憫人，有一次電視上剛好播放阿安的故事，師母深受感動，主動鼓勵陳章雄牧師參與監獄福音工作。從此以後，陳章雄牧師從關心一個受刑人到數個，從一年到十幾年，他也從志工變成好朋友。

有一段時間，陳師母臥病在床，陳章雄牧師在旁照顧，無論在家或住院，只要探監時間一到，師母就會催促他快去監獄，不必為她掛慮。後來師母被上帝接回天家，兒女覺得父親辛苦多年，工作理應減少。那時花蓮「更生學院」剛剛開辦，遠從美國來教神學的老師們（如李革舜牧師）因旅途遙遠不克分身，陳牧師經我請託，體諒我的苦衷助我一臂之力，甘心從臺北到花蓮教神學兼辦行政，學院這才得以繼續培育人才。

又，接手更生團契後不久，我即邀請孫越先生成為更生團契的終身志工。早在一九八一年，孫越叔叔剛信主時，即曾隨陸國棟先生到雲林監獄探訪受刑人。談起那次的印象與感覺時，孫越叔叔說：「實在不好！當時我心裡還會對他們發脾氣，因為我們在台上是如此認真勸導，而有些受刑人卻在底下嘻皮笑臉的。」

不過，這樣的經驗也讓孫越叔叔事後自我反省甚深——「難道自己就比他們完美嗎？」、「我在神眼中就有那麼地潔淨嗎？」在不斷這樣探問自己後，孫越叔叔便以新的眼光、新的態度去面對那些受刑人，關注他們的需要，感受與看法也就變得很不一樣。每個禮拜一，他都會由我們作陪到各監所探訪、協助教化。孫越叔叔得過二次金馬獎，拍過二百多部電影，應該可以擺架子，可是他不耍大牌。進入圍牆內，他放下身段，為了讓受刑人改變價值觀，他苦口婆心地勸他們不要放棄希望，像他一樣悔改、接受上帝的愛就能成為「新造的人」。他為他們禱告時，常激動到流淚，也常熱切到雙膝下跪。因此受刑人都很感動，聽講也很專心，願意悔改向上。直到二〇〇七年，孫越叔叔因肺腺癌開刀，同時發現慢性阻塞性肺病（COPD），已無法再負擔較長時間的工作，於是只在近距離的監所服事。

二〇〇八年五月二十日，行政院院長張俊雄卸任之後，除婉拒卸任行政院院長的禮遇，包括座車、司機、隨扈，也婉拒民主進步黨中央黨部所提供的政治職務，選擇擔任更生團契終身志工。二〇〇九年他打電話給我，表明想做終身志工，我嚇了一跳，因為我們兩人素不相識，因此我還開玩笑地說：「這工作原來是孫越叔叔做的，但孫越叔叔身體走下坡了，那剛好，你就來接吧！」

二〇一〇年，我又邀請財政部部長白培英加入監獄事工。一九九二年時我邀請他加入過，當時他以又忙又不熟悉而婉拒。

「二十年前，我和更生團契擦身而過。那時我有朝九晚五的工作，有教會的服事，也有文字的事奉，我心中沒有監獄事工的負擔。」雖然如此，「一次偶然的機會到監所分享，看到一張張木然的面容，一個個空洞的眼神，不由得心中感到一陣酸楚。他們不都是神創造的寶貴生命？不都應該有光明的人生？何竟身入鐵窗失去了自由？何竟意氣消沉失去了笑容？他們的家人呢？他們的將來呢？有一天他們會回到社會，但他們能重新開始嗎？他們會不會一錯再錯地毀了自己的一生，也繼續成為家人心中的傷痛、成為社會安寧的隱憂？」所以，當我再次邀請他時，想到過去十八年沒有參與，如同欠了福音的債，這次，他一口答應，擔任終身志工，每個月到監獄去傳福音。

為激勵並表揚「有愛無礙」之志願服務工作者步入監所，二〇〇六年，我們在法務部、內政部和臺灣士林地方法院地檢署的指導下設置「志光獎」，表揚在監獄或中途之家輔導受刑人或更生人的志工。

臺灣自退出聯合國以來，外交愈發困難，尤其在中美斷交之後，國民外交成為臺灣與世界接觸的唯一途徑；更生團契能，當然傾力協助，所不同的是我們走的是「屬靈」路線。因為，外國監獄多設有駐監牧師，而且地位非常崇高。因此，我們即透過駐監牧師代為申請、安排參訪行程，不只禮遇我們的官員、典獄長，其典獄長都全程陪同。一九九三年，法務部監所司（今矯正署）林茂榮司長、黃徵男典獄長……等即透過更生團契的協助，由我陪同前往東南亞考察獄政及公、民營戒毒機構。

是年，更生團契加入國際更生團契（Prison Fellowship International，或譯國際監獄福音團契事工）。國際更生團契的創辦人是寇爾森（Charles Colson,1931-2012），美國布朗大學及喬治華盛頓大學畢業，自一九六九年至一九七三年擔任尼克森總統的特別顧問，一九七四年因「水門事件」入獄。訴訟時，寇爾森重生得救，出獄後寫了《*Born Again*》一書，他以該書部分所得做為基金，於一九七五年創辦「監獄福音團契事工」。三年後發展成為世界性的組織，自一九八三年在北愛爾蘭召開第一屆國際大會以來，每三年召開一次大會。

一九九五年八月七日，我們團契同工、駐監牧師與四位典獄長一起去參加了在美國華盛頓舉辦、有一百二十個國家的六百多位監獄工作者出席的「國際監獄團契大會」。會中，我向出席的各國代表介紹了臺灣臺南監獄明德戒治分監（今法務部矯正署臺南監獄明德戒治分監）的福音工作及臺灣反毒的誠意。

後來，我們還加入「國際啟發」（Alpha International）機構，其總部在英國倫敦的聖公會（Holy Trinity Brompton）。該機構的「啟發課程」（Alpha Course）是一套佈道課程，一九七七年起源於倫敦聖公會，原為初信者而設計之內容。啟發課程的創辦人甘力克（Revd. Nicky Gumbel）曾在劍橋大學修讀法律並成為大律師，後於牛津大學修讀神學，並受按立為倫敦聖公會的牧師。其以《聖經》為本，集知性與趣味於一身，課程輕鬆活潑，簡潔有力，能帶領尋道者一步一步地找到問題的答案，在友善沒有壓力下幫助人來認識耶穌基督，繼而成為堅定的信徒，同時也挑起基督徒的熱心，不論教導者或學習者，都能同得福音的好處。

一九九二年，「國際啟發」開始迅速發展，全世界已有一百六十三個國家、地區以一百一十一種語言、在數以萬計的教會開辦，並發展出適合各種不同群體需要的方式。為了讓受刑人同得福音的好處，英國於一九九四年十二月開始設立「監獄啟發課程」，世界各地的監獄也陸續採用，目前已在全球七十四個國家的懲教所、監獄及更生中心舉行。由於啟發課程對受刑人的靈性生活非常有幫助，改變了很多受刑人的生命，為主尋回許多迷失的羊。因此，我們更生團契不但派人去參加啟發的訓練課程、參加啟發的世界大會，也將啟發課程做為長程發展獄中福音事工的主要策略。

更生人的回家之路

每個禮拜一我會到各監所從事大型佈道，向受刑人傳福音。每一年，我一定會把全臺的監獄都走過一遍，踏遍臺灣及外島各大小監獄勸化受刑人，協助其重返社會，並能自力更生。禮拜二去台北看守所、少觀所，禮拜四去桃園縣龜山鄉的法務部矯正署臺北監獄（簡稱臺北監獄）做更生團契的聚會，做小組輔導，或為受刑人做個別輔導。

舉凡少年犯、女囚犯、重刑犯、死刑犯，我都經歷過。監所常把裡面鬧房、不吃飯、想自殺，或擺出一副「爛命一條」的頑劣分子交給我處理。我不放棄任何一個，因為，即使一百隻羊的羊群只有一隻迷失，都要把牠找回來。

由於當時有約四分之三的監所典獄長是我的學長或學生，許多老同學也都躋身獄政高級主管，因此在服務工作上多了份信任與方便，對於受刑人的教化服務工作之推展幫助非常大。

有一次，我去臺北監獄時，在桃園搭計程車，一上車司機劈頭就問說：「你要去監獄做什麼？」

「教化！」我說。

他語帶譏諷地回我說：「我看你不必去了！我帶你去桃園街上看一場戲後，你再回臺北，說已經去過了……。他們不會改的，死才會改啦！」

社會上的人不了解，難免對他們厭惡、唾棄，但我仍以為，一百個人當中只要有一個聽進去，願意真心悔改，我就是一趟花半天時間也是值得。因為，從教化的角度來看，每個人都應該給他們機會，何況，這些受刑人有的從小失去父母之愛，有的長久受暴力、功利社會的歪風吹襲，從某個角度來說他們也是「受害者」。既然父母離棄的，祂要收留；彎曲的，祂要修直；曠野，祂要開道路，我們就相信，主還要透過眾人的禱告與付出，伸出聖手救拔罪人。

也許是對信仰的執著，我一直堅持信念，相信只要繼續努力，而他們又真心悔改，假以時日，一定會看到某些人洗心革面、脫胎換骨的。

話雖這麼說，確實也有惡習難改的人。死硬派的人在獄中占有二、三成，難怪有位典獄長曾對我說：「我們這裡有四千人，其中三千人，你們可以多努力，另外一千，我看，就免了。」

一九九三年，我陪監所司（今矯正署）林茂榮司長、黃徵男典獄長等前往東南亞考察獄政及公、民營戒毒機構，發現「福音戒毒」有功效。歸國後，黃徵男典獄長奉法務部馬英九部長之命，一九九四年在今臺南市的臺灣明德外役監獄（今法務部矯正署明德外役監獄）內規劃成立臺灣獄政史上首座戒毒村——臺灣臺南監獄明德戒治分監（今法務部矯正署臺南監獄明德戒治分監），即「山上戒毒村」，或稱「國家戒毒村」。

戒毒村有相當完整之戒治方案。除了體能訓練、心理輔導……之外，每天還有近五個小時的「心靈重建」。其分為二村，一村是基督村，一村是佛教村，二村相隔二、三百公尺。以不同宗教方式啟迪其心智、改變觀念，重建新人生觀，徹底戒除一切不良習慣，完全戒除毒癮。

又，其早晚點名，不以戒治人的編號喊叫，乃直呼其名。因為，尊重別人能縮短人與人之間的距離，並增進彼此間的良好互動關係。我也幫戒毒村設計各式「得勝者獎章」，分三、六、九個月及一年以上等十二不同款式與顏色之獎章，每月於「慶生會」中——慶賀重生——頒發給出獄戒毒成功者，一則保持與他們的密切聯繫，再者鼓勵他們堅持到底，並給他們有機會向村中的「同學」講見證，以堅固別人的信心。

得知法務部成立「國家戒毒村」，需要輔導員，更生團契乃本著傳揚基督之職志及耶穌愛眾人之心腸，全力支援教化，除派有專任駐村牧師外，亦安排多位志工、同工來定期栽培。我也自告奮勇住進村子裡，協助心靈重建課程。和煙毒犯朝夕相處了三個月，我深刻體會到《聖經》所說：「立志為善由得我，只是行出來由不得我。」這句話實在是永恆真理。犯罪的人背後確有一股勢力（律）在催逼，尤其是煙毒犯，想戒卻一直戒不掉。所以保羅才說：「我真是苦啊，誰能救我。」但他也提出一個萬全的方法——「靠著主耶穌基督就能脫離了」，事實也是如此，儘管惡勢力猖狂，破壞家庭、擾亂社會秩序，把人推進犯罪漩渦，使人受折磨、心靈被捆綁，然而「神的兒子（耶穌）顯現出來，為要除滅魔鬼的作為」，只要真心悔改，出獄後繼續接受「中途之家」的輔導，堅心依靠主，過正常的教會生活，生命必能再造，人性一定得以翻新。

住戒毒村三個月期間曾發生一個小插曲。有一次，我外出做禮拜，返村途中，因山路崎嶇急轉彎時一個不小心，人車一起翻落谷底。當時沒戴安全帽，頭、臉被擦破十數處，鮮血直流，正怨嘆自己無知，舌頭一頂，發現一顆門牙不翼而飛。我怕失血過多休克死在山下，勉強振作起來一步步爬上馬路。好在有個歐巴桑騎車經過，允我請求載我回戒毒村，再由戒護人員送醫縫了幾針，門牙後來也裝上了金屬假牙。唯一麻煩的是有時經過機場的金屬探測門會觸動警鈴虛驚一場。

另外，我們亦透過《聖經》函授課程、福音通信及小組聚會提供獄中受刑人繼續接受關懷的機會，因此，常有書信來往者，生命較有根基，出獄後生活也較穩定。

福音的種子撒出後，經過一段時間的耕耘，是會有收割的機會的。每隔一陣子，我們的同工、志工會在各監所為悔改的受刑人施浸，每年約有五、六百位，差不多十分之一的比例願意接受福音，重新做人。

每一次浸禮，我都會邀請教會牧者參與。有一回，受浸的人當中有位年輕人曾去過教會，但國中畢業到外地就學，因貪玩常與一群學生打電玩，後來涉及結夥搶劫，被判處十二年徒刑。我們認得他以後，每個禮拜帶他讀《聖經》、禱告，半年後他悔罪，願意接受洗禮。受浸那天，我邀請他國中時代的牧師來觀禮，當牧師緊靠在他身邊，拉著他的手一起在長板凳上唱詩讚美神時，我看到一幅很美的圖畫——好像主耶穌尋找到一隻迷失的羊，歡歡喜喜把他扛在肩上、抱在懷裡。那感覺真溫馨。這位弟兄服刑四年，假釋出獄。如今工作正常也結了婚，神很恩待他，讓他在福音機構學習事奉。

出監人的輔導工作是我們另外一個戰場。因為，犯罪率的偏高，與出監人的再犯率有著密不可分的關係。一般而言，其出監後會遭到許多挑戰。首先是社會的排斥，使他們無法找到工作；其次是家庭的破碎，使他們無法得到溫暖；再者，風氣的敗壞及老朋友的誘惑常使他們又回到犯罪的老路。這些都是出監人無法更生的阻力。因此，幫助出監人度過這段調適期，幫助他們重新做人，尋找生命的方向是極重要的工作，也是更生團契努力的課題。

一般，受刑人出獄後能得到家人接納的不多，被社會認同者更是少之又少。是以，在輔導出監更生人方面，更生團契打開雙手迎接他們，除為其介紹教會、工作。一九九二年，我們成立臺北中途之家，接受不被家人接受的更生人，餓了，給他們吃，渴了，給他們喝，提供工作技能訓練，幫助他們在工作中肯定自己，也藉由每天的讀《聖經》、禱告，讓他們加強抵抗誘惑的能力，用恩慈領他們悔改，幫助他們過正常生活，希望他們可以再次走入社會，降低再犯率。

一九九六年，我們又開辦永和中途之家，接著開辦基隆中途之家、新竹中途之家、臺南中途之家，以及臺中女子中途之家——馨園，為女更生人找到回家、回頭的路。《聖經》中說：「愛，能遮掩一切過錯。」愛，確實有預防並減少犯罪的功能啊！

更生團契的中途之家和其他機構不同的地方在於，它不只是關心更生人的日常生活，更關心更生人的心靈需求。我們的目的不只是讓人脫離犯罪的淵藪，更要幫助他們找到生命的意義與方向。因此特別重視更生人的信仰生活，不但內部常常聚會，還帶他們到教會參與教會生活。因為心靈是一切的根基，有穩定紮實的基督信仰，各方面的祝福一定來，不但工作穩定，而且家庭可以幸福。

接受牧師教化成功，信了主耶穌的更生人出獄後會來更生團契談信仰，來找工作，有的找到工作後還會奉獻所得的十分之一答謝上帝；有的表示願意受栽培，要去讀神學，甚至也願意以親身靠信仰改變犯罪習性的經歷再回到監獄現身說法，以自己走過的寶貴血淚歷程，毫無畏懼地來愛、來勸他們的「兄弟」悔改。

例如簡金銀先生。一九八七年，我收到他從臺北監獄寄來的信，其實他的信不是寫給我的，是財團法人基督教晨曦會把他的個案及信轉介給我，要我去監獄探望他。從信上得知，他再過幾天就會出獄，於是趕緊回信，言簡意賅地鼓勵他重獲自由後一定要上教會。信寄出去後遲遲沒有他的消息，但我寧願相信他有收到信，出獄後也有上教會。不久，果然接到他的信，信裡除了道謝之外，還說：「因著一信之緣，我現在已在教會裡……。」他的信帶給我些許安慰，因為有些獄中人就是寫一百封信給他也無法說動他。

在獄中，簡金銀先生渴慕教化，卻苦無專人帶領。他雖曾照著財團法人基督教芥菜種會送的一把扇子上印的地址寫信給該會，惟該會搬了地方，等了四、五年都沒有回音；一九八八年，故總統蔣經國先生逝世，他得到減刑，「假釋前，……我看到《宇宙光雜誌》上介紹用福音戒毒的劉民和牧師，我就寫信給他。劉牧師把信轉給更生團契，後來黃明鎮牧師寫信給我，我等四、五年終於有人寫信給我，我心裡很高興……。」

我只是禮貌性地回個函，寫幾個字勉勵勉勵而已，他竟聽進去了。事隔九年餘，因那一封信，簡金銀先生後來去念神學院，成為傳道人，目前在楊梅地區的教會牧會。

我們也鼓勵更生人進修，更生團契自成立以來就開始贊助更生人就讀大專院校及高中、職補校，俾其畢業後能回饋社會及監所，以過來人的經驗造福社區或幫助其他受刑人。這些接受更生團契長期關懷的人不僅人格得以重塑，心靈得以重建，且有百分之九十以上均能完成學業，貢獻所學給社會。

有個用枴杖走路的囚犯，自小患小兒痲痺，混幫派，個性偏激，兩度因懲治盜匪條例坐牢。在獄中，天天打架，被隔離、送違規房都不怕。有一回，從臺北來了幾位以前是道上「兄弟」、現在是教會「弟兄」來現身說法，唱詩、做見證。他想去聽，教誨師說：「我教化你三年，你一點都沒變，聽一次有用嗎？」結果，那一場聚會裡的一、二句話——「我是兄弟變弟兄」、「我能，你也能」——深深地震撼了他，扭轉了他整個人生觀。此後，他開始與志工通信，寫函授課程，接受別人規勸，也主動幫教誨師做事。

三年後出獄時，他一反獄中禁忌，對送別人道「再見」，拋下一句「我必再回來！」潛修二年後，他兌現諾言，雙手抓著拐杖，吉他掛在一邊，每個禮拜二次走進監獄，用耐心去輔導兄弟。

一名眷村長大的囚犯曾是公務人員，白天上班，晚上開賭場、收賭債，因槍械案坐牢。由於平日無拘無束慣了，瞬間成了睡在廁所旁的「菜鳥」，心中很不是味道，某夜，想起當年兄弟捧揚，在五星級飯店住總統套房的揮霍情景，不禁悲從中來，夜半的飲泣聲驚動了查房的主管。詳問後，他表示是在「向神懺悔」，後來他真的悔改了。他律己甚嚴，省吃儉用，並協助戒護人員，擔任自治員工作，對穩定囚情大有幫助。出獄後，他讀了四年神學，獲得學位，並再度踏入監獄，成為國內第一位受刑人出身的「監牧」。

由於政府假釋制度日趨嚴實，受刑人在刑期過半後能順利假釋者不多，為求早日出獄，很多受刑人藉考上大學之管道，冀求早日重返社會，但這類受刑人出獄後真正就讀的僅一半左右，其餘均因經濟等因素而未就讀。就讀的在前一、二年也很容易因經濟等壓力而輟學，實際能繼續完成大專學業的，保守估計只有二成，殊為可惜。

例如，二〇〇二年，考取臺大社會學系的黃姓假釋更生人由於家庭經濟狀況不佳，除了有一位唸國二的兒子要撫育，還要奉侍年邁的雙親，經濟壓力頗大。更生團契知道他的情況後，我立刻聯繫他，並代為繳交下學期的學雜費，希望他能安心課業。

為了擴大對更生人的關懷及鼓勵，二〇〇四年，我們決定成立「更生人教育基金」，專款專用，並由專人負責，每年收支入預算約二百萬元，並逐年增加百分之二十到百分之五十。

更生團契為培育人才，栽培重生之更生人或一般基督徒，對邊緣族群，如受刑人、更生人及青少年虞犯有負擔者，或已服事主之傳道人，願意進一步對付老我之脾氣、血氣，肉體、情慾及今生驕傲者，二〇〇四年九月十六日，在少年學園設立「財團法人基督教更生團契附設更生學院」。每年修習三季，每季三個月，第四季暑假期間於少年學園、監獄及更生團契事奉範圍中實習。四年修畢課程，成績及格者頒發證書。課程除神學知識學習，如新約概論、舊約概論、解經學、護教學、系統神學及各書卷外，亦有實務探討，如犯罪心理學、監獄學、被害者學、少年犯罪防治、各案輔導技巧等，其餘如英文、電腦、音樂均在學習之列。

免學費，書籍、雜費自付，膳宿費全免。惟報名時須經教會牧者推薦，經審核及面試通過後，可成為全修生或選讀生。有意就讀者須具備不怕受苦、忠心到底之心志，以期經過四年生命薰陶後，能謙卑，與世俗有別，老亞當的性情全被聖靈厲害對付過，生命能散發基督徒馨香之氣，行事為人彰顯主的尊貴、榮美、聖潔，以成為世人效法敬重的好榜樣。

浪子回頭一樣可以頂天立地，但是，對於有犯罪習性的人來說，要「放棄犯罪」，很難，因此，更生團契於二〇〇三年設置「義光獎」，表揚迷途知返走上義人之路，如今行善回饋社會的傑出更生人，以鼓勵更生人勇敢面對新的人生。

天使樹活動

「爸爸，你請人送來的禮物，我已經收到，謝謝你，我好喜歡！」

這是一個受刑人的小孩在聖誕卡上寫給他父親的幾個字。

為關懷受刑人及更生人家屬，除了成立受刑人子女獎助金、家庭探訪，更生團契關懷受刑人未成年子女，在受刑人及其家屬間搭起和好的橋樑，促使社會更祥和、安定，更生團契自一九九六年起，每年都在聖誕節前舉辦「天使樹」（Angel Tree）活動，透過參與者的認領，將受刑人孩子心中想要的聖誕禮物，以受刑人名義將禮物於聖誕節前分送給他們的孩子，讓身陷囹圄的受刑人藉此機會向家人表達關心，使孩子感受親情的溫暖，讓孩子知道「爸爸（媽媽）仍然關心我」。

此外，受刑人入獄後，他們的孩子不易被社會所接納，加上扶養家屬往往母兼父職，孩子容易被忽略，長成後犯罪率較一般為高。同時，家屬因親人在監服刑的事，實感孤單無助，天使樹的活動精神之一也是表達上帝的愛，與人分享上帝的福音和恩典，將上帝的憐憫帶給無辜的受刑人孩子，使他們感受接納、饒恕。

天使樹活動係由國際更生團契所發起，自一九八二年在美國阿拉巴馬州實施以來，受到多國基督徒的肯定與支持，世界各地紛紛推動天使樹活動。因為受刑人家屬也是弱勢族群，面對家人犯罪，往往覺得很丟臉，難以向人啟齒尋求幫助，家裡若有未成年子女，面臨要或不要告訴孩子「父（母）在監所的實情」，心中的無奈、痛苦及承受許多不為人知的壓力。

天使樹計畫不但送禮物也送關懷，避免受刑人的子女因父母坐牢，疏於管教而步入歧途。

有位受刑人知道兒子最喜歡巧克力，在申請表填上希望送給兒子巧克力。聖誕節前幾天，志工將巧克力送到這位小朋友的手上。第一次收到爸爸的禮物，他高興得捨不得吃，放在床邊伴著入眠，一天又一天，巧克力開始變潮、化掉，還是捨不得吃，說：「看到巧克力就像看到爸爸一樣。」

有位小女孩收到「父親送的」筆，開心地到處炫燿，逢人就說：「這是我爸爸送的！」有一天，小女孩用這支筆在作文簿寫道：「我爸爸是全世界最棒的人！」

有一位上班族媽媽還親自把禮物從臺北送到新竹的受刑人家中。去之前，她先打電話約時間，接電話的是五歲的受刑人小孩。小朋友問：「你找誰？」

「找你！」

「你是誰？」

「猜猜我是誰？」

這孩子一、二歲時，媽媽就因案被捕入獄，三年多來沒有再見過母親，孺慕情深，他突然心有所悟，很興奮地回答：「你是媽媽！你是媽媽！」

這位志工媽媽幾乎鼻酸，強忍住淚水。「我不是你媽媽，我是你媽媽的好朋友。你的媽媽有一個禮物要送給你！」

小孩子聽到有禮物卻不為所動，心裡想的還是媽媽，於是接著又問：「阿姨、阿姨，那你知不知道我媽媽的電話，我好想她，我要打電話給她。」

這阿姨聽了又幾乎要掉淚。過幾天，她把禮物送過去，帶孩子去吃漢堡，也照了幾張相片給他媽媽。從那時起，女囚的心靈起了變化，向志工媽媽寫信表示悔悟，並誓言出獄後一定會好好愛家人、愛孩子。

這項活動在受刑人及其家屬間搭起了一座諒解的橋樑，幫助他們療傷止痛，間接地也給社會帶來一份祥和。在整個天使樹活動過程中有好多感人的見證，有海外的奉獻者針對獄中帶幼兒的受刑人特別奉獻，有衛理女中學生主動為天使樹小孩寫數百張賀卡，有教會志工去買禮物時，商家自動降價，有買六枝尺送十二枝再加十二個橡皮擦……。

景美浸信會教會社會服務組廖朝鳳執事，到景美街上採購要送孩子的禮物時，因受刑人有指定禮物，又有預算限額三百元，有些東西會超過預算，她很認真地殺價，店家已從四百九十元降到三百九十元，她還要殺到三百元。店家不了解的詢問，知道原來是為受刑人的小孩選購禮物，立刻二話不說地全部都降到三百元。

另有一位一歲八個月的小孩需要一個特別的禮物，她到一家日本進口商品去購買，也只能殺價到三百二十元，老闆娘說：「這已是成本，不要再殺了。」她只好說：「好吧！二十元我出，請開三百元收據。」這下輪到老闆娘不解，哪有人買東西少開收據金額的？一問才知是送受刑人小孩的，立刻表明願意少收二十元，廖朝鳳執事不好意思讓她虧本，兩人竟為此「彼此推讓」，不管已信、未信都來當聖誕天使。

區區一件三百元的禮物帶給受刑人家屬一份新希望，間接地也給社會帶來一份祥和，何樂不為呢？

我的那些死刑犯弟兄

這些年來，我在看守所裡手摸過的死刑犯不下二百個。他們有的態度溫和，但拒絕福音，有的倔強不馴揚言要報復，有的則一副無所謂的樣子。但經同工及志工們長期帶領之下，信主的死刑犯都曾留下美好的見證。

傳福音給死刑犯跟傳給一般受刑人一樣，雖是主給我的恩賜，但背負他們靈魂的重擔卻常讓我百感交集，因為我實在不忍眼睜睜地看著他們從「監獄」走進「地獄」。輔導時必須為他們的靈魂時刻儆醒，尤其在他們行刑前更讓我難吃難睡。

我輔導的第一個死刑犯是溫錦隆，他是當時警政署署長羅張的隨扈，因此對他印象深刻。他人長得帥，腦筋很清楚，看過他的人都會覺得他是個人才。可惜他涉嫌參與強盜集團，殺人越貨，案發時他一度想以死求解脫。他雖沒有親自參與搶案，但主從一律求處死刑，一九八九年四月四日在臺北監獄刑場執行槍決。

羈押在臺北看守所期間我常去探視他，每一次見面都是「未見其人先聞其聲」，在戒護科輔導室等待時，遠遠就聽見腳鐐聲，當人出現時手臂總會挾著《聖經》，並帶著笑容。溫錦隆坦承認錯，道出心中的悔意，他說：「我雖未親手殺人，但我曾給我的高中同學林宗誠他們一些子彈，我要因為這所帶來的傷害向被害人道歉、認錯，我願意承擔一切因我而滋生的錯，我對不起這個社會，更對不起從我時五歲就守寡的母親，會有今天的下場，我怨不得任何人。」

我們談話的內容很多，大都是對《聖經》的探討。他還買了一套《摩根解經集》細加研讀，他的《聖經》也是紅線、藍線畫得密密麻麻，可見他對信仰是「玩真的」。處決前不久，他寫了一首歌〈頌讚基督〉，我們將之收錄在《更生詩集》裡，教受刑人唱。

當寡母來看他最後一眼傷心落淚時，溫錦隆反而安慰母親，說他將要去的地方是「好得無比」，希望母親多保重並且去教會。在遺書裡他寫道：「希望別人不要學我，要好好做人，千萬不要以身試法與惡人行惡，製造社會問題。」

臨走之前他逢人就勸要信耶穌；在刑場同案的三個人面無表情，他則低頭禱告，並捐出一對眼角膜，使二人復明。

李德善與溫錦隆同時囚在看守所裡，但所犯的案子不同，他是「殺人魔王」吳新華犯罪集團的一員，涉及湖口雙屍命案。他雖然只有國中學歷但智力不低，由於小兒麻痺，他參與犯案都是開車、把風。

他會接受福音，完全是受溫錦隆的影響。當吳新華於一九八八年五月二十七日被槍斃時，李德善心中極為恐懼。那年聖誕節，溫錦隆在舍房裡舉辦聖誕「午會」，小小三坪不到的籠牢，擠滿了一、二十位重刑犯，個個聚精會神聆聽這位「黑道變傳道」的大哥敘述悔改信基督的經歷。溫錦隆自信主後，常在他的房裡開「佈道會」，受刑人有時無聊會「串房」，一大票人就擠在溫錦隆的囚房聽他講《聖經》；當時重刑犯還暱稱他為「溫牧師」。在溫錦隆執行槍決後，李德善寫信來向我們索取《聖經》，還問說：「人都懼怕死亡，為何『溫』不會，我很疑惑？」

後來，我們約有一、二年的時間栽培他。他寫《聖經》函授課程，感動之餘常覺得罪的重擔能脫落，人生能重新來過，實在是上帝的宏恩大愛。由於內在生命有了改變，他的外在行為也隨之改變。過去稍有不爽，馬上動拳頭打人，信耶穌以後，人在走廊要閃他，他會勸人家不必閃，並說：「我已經信耶穌了！不再打人了。」不過，他偶爾還是會犯老毛病。有一次，同房的人得罪他，他暗暗地從電插座裡牽出二條正負線，準備趁那人睡覺時電擊他，後來被上帝在他心裡責備而作罷。因著他的改變，當時有個股票大亨關在裡面，受感動而願意為他支付所有的殯葬費。李德善也特別交代我，墓碑上要刻上他寫的二行字：「我靈滿福氣，天上永遠有歡喜，我魂享安息，天界運用祂能力。」

李德善信仰最篤實。槍決前幾天，我陪著他唱詩、禱告時，他暗暗淌下幾滴眼淚。當家人去看他最後一面，二位姊姊與他相擁痛哭時，他道出心中的悔意，說：「姊姊，我錯了，但我已經悔改，請不要為我傷心。我擔心的是幼子將來步我後塵，請一定要把我那本《聖經》送給他。」他也要我找機會轉告社會大眾：「不要貪財，貪財是萬惡之根；也不要耍詐，害人終究害自己。」他甚至還請我一定要告誡一位甫出獄的難友：「不要聽從惡人的計謀，不要再誤蹈法網，再踏錯就沒命。」勸友人好好做人，安分守己，否則沒有好下場。一九八九年十月十四日處決那天凌晨，他從窗口看到執行官的車隊開進來，跟同房的徐弟兄說：「感謝主！如果他們不來，我就不能回去見天父！」執行死刑時很平靜，死後很安詳。

「新店之狼」施曙彧睡覺時總覺得有魔鬼要殺他、有惡的力量在壓他；我教他禱告、懺悔認錯，並將《聖經》放在他的枕邊，經過一年多的時間，他的心靈才得以釋放，也不再有心魔的困擾。伏法前一週他變得相當平靜，戒護的人也減到剩下一名，一九九一年二月二十二日執行死刑，施曙彧捐出全部器官，他的主管事後見證說：「他走得漂漂亮亮。」

綁架新光集團少東吳東亮案的胡關寶被捕後，我第一次去看他是在士林看守所。之後，他拘押於臺北看守所期間，幾乎每個禮拜二我都會去陪他讀《聖經》、禱告，他自稱是天主教徒，從小就受過洗。為了幫助他更明白救恩，我曾邀傳道人、更生人去彈琴唱詩，講蒙恩得救的見證給他聽；更生團契的通信志工們也不斷以書信勸勉他。

後來他受神的感動，表示願意接受耶穌為救主，我們看他口裡承認、心裡相信，也幫助他做決志的禱告，使他歸在主基督名下。因見他官司已經打到最高法院，時日不多，更生團契經考核他的信仰，徵得他同意後，就在一九九一年十月十五日請曾在士林看守所輔導他的蕭煌德牧師為他舉行浸禮，他在三個見證人面前所做的悔改見證也頗為感人。

為了慎重起見，受浸前跪在水池內，蕭煌德牧師還在詢問他是否真心悔改，相不相信只要「認自己的罪，神是信實的、是公義的，必要赦免我們的罪，洗淨我們一切的不義。」他的答覆都是肯定的，同工們明白他確實清楚救恩後才放心地為他施浸。

一個禮拜後，報載他傳紙條給張家虎，要張家虎想辦法脫逃，再找人來幫他逃獄。所方截到紙條後，為了怕刺激胡關寶不敢告訴他，因此我也不便去證實。在十一月七日槍決前的一、二天，他在檢察官面前對四大懸案供詞又是前後不符，甚至在執行之前臉色發白，步履蹣跚無力，不禁讓人質疑，「他到底有沒有信？」

《聖經》上說：「隱祕的事，是屬耶和華。」胡關寶被捕後，幾次脫逃、自殺不成，是歷年來給監所戒護人員最頭痛的重量級死刑犯。我們在百般困難中向所方要求到隔離區傳福音給作惡多端的愛刑人是費盡心思、仁至義盡，對他該說的都說了，能做的也都盡了力，他最後幾天的表現，我們實在難以掌握，也是力不能及。「到底他是否得救？」在人這邊，我們根據《聖經》的教導都做了，但他信仰的真相如何只有主知道。

在接觸的眾多死刑犯中，我對劉煥榮的印象最為深刻。劉煥榮混黑道前曾上過教堂，在獄中接受輔導後就接受了耶穌。我每次到牢中時，都與他高聲唱聖詩歌頌上帝恩典。劉煥榮不但自己信了神，還向獄友傳道；不但自己作畫，還教他們學畫、練字，鼓勵他們寫信回家報平安，因而被同囚們稱為「劉牧師」。他不但成為牢中的模範，也變成受刑人真正的大哥。

他在臺北看守所時應當算是個模範。只是，他當模範並非「名氣大」，而是「作用大」。情緒不穩的囚犯經他三言兩語一勸就平靜下來；一些不肖子常怪父母來面會不帶錢，被他說幾句收斂多多。曾有人安排一精神病患服侍他，過不久，他反而替那病患洗臉、擦身。

一九九三年三月二十三日凌晨槍決前幾天，我帶劉煥榮唱「奇異恩典」，他眼中泛淚告訴我：「我不是英雄！黑道沒有英雄，都是狗熊！英雄在教育界、在警界，像火燒車中為保護學童而犧牲的林靖娟這樣的老師，以及照顧民眾生命財產的警察才是英雄；奪取別人的生命財產者，都不是英雄。」他特別交代，如果記者問起他有沒有遺言時，這幾句話一定要轉達出去。他的這番話，震碎了黑道兄弟們逞勇鬥狠的「英雄夢」。真正的改過令他態度坦然。劉煥榮能夠認錯贖罪，反過來關懷人犯，使不少人對他生出憐憫之心，雖然槍下無法留人，他卻給人留下一些美善的回憶。

神話世界KTV縱火案主角湯銘雄的改變也很奇妙。他管訓過，原本開計程車為業、離過婚，每天把酒當水喝，渾渾噩噩過日子。一九九二年十一月二十一日那天發酒瘋與人吵架，憤而拿瓦斯筒把KTV給燒了，燒死了十六條人命。他自知罪無可逭，在看守所裡數度自殺未果，就在這時一封來自被害人家屬之一的杜花明老師的信救活了他。杜花明老師說她們一家人願意饒恕他，只希望他真心悔改，勇於面對法律的制裁。從那時起他的生命開始有了轉機，不再自暴自棄，勤於參加更生團契的聚會，行為也日漸改變，寫信向被害人的家屬道歉。

一九九七年七月二十一日，槍決前幾天，我們在看守所為他舉行「最後的禮拜」時，他除了對受害者家屬表示無限的歉意外，信心十足神態自若，知道上帝已寬恕了他的罪過。我和臺北看守所駐監牧師蘇燦煌一同陪著湯銘雄走完人生的最後一段路，我們三個人一同唱詩、禱告、敬拜神，湯銘雄身穿白色運動衫（上面有〈愛的真諦〉經文和許多關心他的人簽名）、白色短褲、白色運動鞋，因為他相信上帝已經洗淨他的罪，稱他為義。

我為他模擬行刑之前的過程，讓他能有心理準備，並告訴他說，執行檢察官在驗明正身後會問他「有什麼話要說」，湯銘雄說他會說五件事。第一，向被害的家屬深致歉意；第二，感謝受害人的家屬杜花明傳福音給他，並且饒恕了他；第三，感謝更生團契的同工和志工多次入監探望他、為他打氣；第四，他要捐贈所有的器官給需要的人；第五，他要感謝看守所的每一個人對他的照顧。

我告訴他說，在執行之前所方會擺設酒菜請他食用，湯銘雄說他就是喝酒誤事，他已不再喝酒了，他要把一身器官乾乾淨淨地送給人。還囑託我一定要轉告世人：「不要酗酒，酒能使人放蕩，誤人一生，毀掉前程。」

行刑之際，看著湯銘雄清醒、坦然地面對法律的制裁，一位監所的老科員感嘆地說他曾眼見一百多人執行死刑，大部分都嚇得手腳發軟腦筋一片空白，但湯銘雄卻含笑與管理人員一一握手道別，連每個人的職稱都能說得正確無誤，令他震驚不已。

湯銘雄在得到杜花明老師的饒恕後信靠了耶穌，使他能以求神、求人饒恕的悔改態度，坦然面對法律的制裁，這是個奇妙的見證。他也並未因為自己有悔改之心就向法院尋求特別上訴或非常上訴，他一直認為自己是罪有應得。他明白，他的死並不能換回無辜的生命，捐贈他全身的器官也難以彌補對十六個受難者家族的虧欠。他雖受二年信仰的薰陶對死無所畏懼，但內心確實帶著極深的歉意而離開人間的。

還有劉錦鐘，他除了捐贈器官外，也在執法人員、醫生及記者等多人面前做了極美好的信仰告白。

我很懷念這些弟兄，相信神也已經接納他們並寬恕他們一切的罪過。

很多人質疑，這些受刑人都是罪人中的「罪魁」，有的根本是泯滅人性、殺人機器、毫無血性的動物，這些死刑犯是否真的「信」上帝？是否真能「得救」？

我認為人心的確邪惡，人可能犯的罪，連人都百思不透，但上帝仍然憐憫罪人，讓一般人視為大壞蛋的人都悔改；因為上帝的恩典就是如此浩大，上帝的大能正是彰顯在人的軟弱上。因此有些臨終前願意悔改，有些到最後關頭仍然心硬，這兩極化的反應與主耶穌當年釘十字架時旁邊二個強盜的表現雷同。不過，當年的主怎樣仁慈，祂今天依然仁慈；祂是昨日、今日、永不改變的主。人再怎麼兇惡，主仍然肯因人的悔改，接納、饒恕。那種體諒罪人的痛苦、長闊高深的愛，憐憫人的心腸，真是世上無人能比。

我也配合財團法人中華民國器官捐贈協會發起人、長庚醫療財團法人社會服務處前處長葉高芳牧師輔導死刑犯捐贈器官，遺愛人間。例如，湯銘雄、陳進興最後都捐器官。二〇一〇年四月三十日，法務部恢復槍決死刑犯後，我與終身義工行政院張俊雄前院長立即赴監所探視全臺四十四位死囚，有超過七成自願簽署器官捐贈卡。一個死刑犯說：「半年來他每天運動，而且吃素，他希望身上的器官能達到最高峰，移植到別人身上能成功，不知道哪個時間會槍斃，他盡量讓身上器官能好一點。」

陳進興事件

白曉燕案的主犯陳進興被收押在臺北看守所二個月，禁見解除後，一九九八年初，我和孫越叔叔即對眾人皆曰可殺的陳進興展開宗教上的教誨。孫越叔叔說：

我隨著黃明鎮牧師進到臺北看守所，當主管喊著：「陳進興，孫越和黃明鎮牧師來看你啦！」那間舍房的門也跟著被打開。帶著腳鐐的他走了出來，驚異又錯愕地看著我，因為前一天的晚上，他透過電視「福音寫真」節目聽到我說：「無論你有什麼問題，主耶穌都可以為你解決。」而此刻，我竟出現在他眼前。

好像無須寒暄，我們即進入正題，原本我們與他是對面而坐，但當我再次告訴他「耶穌愛他」時，卻不是像某報記載的那樣：陳進興見到孫越就跪下來認罪。而是我先跪了下來，懇求主耶穌讓他的靈魂甦醒過來。他隨即也跪下來，我們迫切地禱告，求主憐憫那些被他所殺害的人和那些受害人的家屬，求主安慰、幫助他們盡早地走出哀傷。

常有人問道：「陳進興那麼壞，像妖魔、野獸，為什麼還要關心他？」一個殺人無數、犯罪累累，被視為十惡不赦的死囚陳進興，我為什麼還要去教化他、輔導他呢？

我在監所輔導受刑人的原則是「有教無類」，主耶穌接納每一個罪人，到祂面前來的祂一個也不撇棄。我也不管誰是「十惡不赦」、「下九流」的，我受的託付是：只要是「人」都要傳福音給他們，因為主也曾替他們被釘十字架、捨身流血，主的心乃願人人都悔改，不願有一人沉淪。我是抱著一顆基督愛罪人的心入獄輔導陳進興。

陳進興的行徑縱然為人所不齒，但他畢竟還是個「人」，獸都可以被馴服，何況是萬物之靈的人？死刑犯如接受教化，他的思想、人生觀、價值觀改變後，外在的行為也會改變，他的改變可以穩定囚情，可以影響獄友棄惡從善，甚至監外的親人，因見他的改變，也得以避免被社會歧視，受刑人的改變對整個社會的治安仍然有正面的意義。

陳進興是個相當「監獄化」（Prisonization）的人，也就是說，他三次坐牢，關了十七年，長久在監已經定型，難以改變。這次他犯下這麼多案子，若不是新竹大矽谷媽媽禱告小組登廣告呼籲他回頭，加上被挾持的南非武官卓懋祺（McGill Alexander）一家人饒恕他，再加上許許多多基督徒為他禱告，他的心田恐怕無法融化。

一切似乎出於神的憐憫與恩慈，陳進興確實對福音有積極的反應。我常陪他讀《聖經》、禱告，他也試著學習做個真實的基督徒。我盼望他不但能在大限之前與神和好，也能與人和好，甚至有勇氣向所有的被害人認錯致歉。

有鑑於教會的人對武官一家人關心陳進興一事很感動，要我鼓勵陳進興寫下個人的心路歷程，他不置可否。後來，我因為每次與他交談的時間很短，覺得他的文筆既然不錯，何不試著寫寫過去和現在，讓人們了解他是如何走上不歸路，好勸勸青少年不要迷失自我步其後塵。同時，被他傷害過的人，他也有責任藉文字表達道歉之意。

不久，他開始執筆，自三月起陸陸續續寫了一些當做作業交給我，他坦言希望留隻字片語給他的妻兒。他不斷地寫，不到二個月已有五、六萬字之多。經我加以分段、修正後，再請救世傳播協會的楊淑清小姐等人潤飾。一發現有敘述仍不夠清楚的，我就讓陳進興補充，或用筆寫或用口述。

原本以為陳進興自跪下認罪、悔改後，加上每個禮拜幾次的教導，信心應該可以經得起考驗。沒想到九月時，他的小舅子張志輝從無罪改判為無期徒刑時，過重的刺激讓他信心垮了，一氣之下對著媒體演出「割頸」秀，抗議司法不公。那時我與孫越叔叔在高雄監獄聽到消息，擺在面前的豐盛午餐味同嚼蠟。雖然這種罣心早在幾年前，每當輔導的受刑人要處決時即已有之。

他再度被禁見時，透過志工李家同校長主動關心，向高院提出申請，我得到高院的核可繼續去輔導他，再次規勸他要守規矩，要攻克己心，學習安靜交託、耐性等候的功課。武官一家人及時寄到的一封安慰信，更讓陳進興首次嚎啕痛哭。他再次領悟到自己的無知與軟弱，從那時起他像隻馴良的羔羊，完全屈服不再掙扎，性情也跟以前兩樣。前自以為聰明、後自覺愚昧；前不斷為家人抗爭，後完全交託；前拒絕再看《聖經》及捐贈器官，最後捐出身上一切。

二個月下來，看他恢復讀《聖經》、禱告，已降服在神面前，不敢再靠自己，信心較堅定，又願認罪道歉，在十一月五日，我們為他及他所帶領信了耶穌的同房獄友葉俊麟一起舉行洗禮，沒有媒體知道。幾天後，看守所走漏風聲。媒體來找我，我說話，但堅持不給陳進興受洗的相片。那知他們從別的管道取得，我為此被誤會，有口難言，只當十字架揹。

在一年半中對他的輔導，我們一直是低調處理，惟恐事奉參雜私念，讓人誤以為愛出風頭敗壞了神的旨意。豈料，當陳進興於一九九九年十月六日晚上九時被槍決後，自第二天起我很忙也飽受指責，平面及電子媒體不斷地批判他，我身為他的輔導也不免遭受波及。接受電視 Call in 時甚至有基督徒當面對我說：「如果陳進興上天堂，我不上天堂。」真是叫我啞口無言。

的確，從社會的觀點看，陳進興是個敗類，是個十惡不赦之人，說他是「妖魔」也不為過。陳進興是我輔導過的死囚中的一個，案子雖特別，但犯罪的本質與他人無異。犯罪的人背後，從神學的眼光看，都有一個邪惡的靈在操縱。《聖經》說：「犯罪的是屬魔鬼，因為魔鬼起初就犯罪。」就因為我秉持「神的兒子（耶穌）顯現出來，為要除滅魔鬼的作為」的信念，才會心甘情願地離開久住十七年的美國，攜兒帶女回國服務受刑人。受刑人只要真心悔改，得到基督的救贖後，魔鬼在他身上的工作馬上會停止，人就能從罪的捆綁中得到釋放。

我自警官學校畢業、做過幾年的警察工作，對罪惡深惡痛絕。赴美再讀犯罪制裁學及神學後更了解罪惡的可怕，以及罪惡最後的結局就是死，所以絕對不會袒護罪人、美化罪惡。罪人再怎麼出名還是罪人；若悔改了，也不過是個「蒙恩的罪人」而已，哪裡是「英雄」？所有做盡傷天害理的事的人都不是英雄。陳進興不但不是英雄，還相當程度的自卑，只因為案子大，媒體對他有興趣罷了。罪人伏法更不是「悲劇英雄」，乃是罪有應得，因為「罪的工價乃是死」。

人問：「他有真正悔改嗎？」我輔導陳進興一年半，他再笨也不會笨到最後還要欺矇上帝。如果沒有真心，對我說悔改，騙得過我，也絕對騙不過審判台前的上帝，因為「按著定命，人人都有一死，死後且有審判」。假的信仰，最後都逃不過神的審判。

也有人說他是怕下十八層地獄才改信耶穌，這是因為不了解受刑人的心理所致。有些受刑人心硬到一個地步，天不怕地不怕，地獄那嚇得了他，過去有死囚說：「我不下地獄，誰下地獄？」以為怕下地獄才信耶穌，在陳進興身上是說不通的，因為他是相當「監獄化」的囚犯，教化難度非常高。

影響他願意悔罪、接受基督信仰有二大力量。一是基督徒的禱告。新竹大矽谷媽媽禱告小組連續在報上的頭版以半版呼籲他悔改，這一點，他坦承很受感動。臨槍決前一天，他告訴我說：「若不是很多基督徒為我這個罪人禱告，我早就在罪中滅絕了。」他甚至引用《聖經》，背「義人祈禱所發的力量是大有功效的」給我聽。另一個力量是武官一家人的愛。挾持當晚，陳進興一支槍對著他們，一支對著門外的警察，但被綑綁的一家人流露出來的不是恐懼，而是對罪人的悲憫。當陳進興怕被闖進來的警察擊斃，把槍從武官一家人移轉到自己的喉頭上時，卓懋祺的太太安妮見狀，驚呼：「No!」陳進興覺得奇怪，「應該說『Yes!』才對啊！」當他投降走出大門，安妮還擁抱他，說：「不論發生什麼事，請記住，上帝愛你。」讓他很感動。挾持的當晚，十二歲的小克莉絲汀畫了愛心、十字架向陳進興傳福音，也讓他心動；全家人要回南非前，卓懋祺特地去看陳進興，並送他一本《聖經》，當時法官還對卓懋祺說：「不必了，他不會看的。」始料未及的是，那本《聖經》一直陪伴著陳進興到槍決的那夜，這從他在《聖經》詩篇二十七章那頁註明「1999.10.6 晚」（處決夜）可知；卓懋祺回到南非後，還經常寫信鼓勵他，並派人到看守所探視他。

有人質疑，如果他悔改，為什麼不供出所有的案情？他說過，該說的都已經說了，幕後的主使人只有林春生知道，林春生死了之後，高天民和他都猜不出來是誰。他既然說不知道，我也只能像檢警一樣無可奈何。

至於出書《罪人的遺書：陳進興獄中最後告白》，詳述自己悔過及悟道的歷程，其實也非陳進興所願，是與他同房的獄友鼓勵他。更生團契原先出書的動機只為了免費印發給受刑人閱讀，以鼓勵他們趕快悔改，避免出獄後再犯回籠。一九九八年五月文稿完成後，我請教了幾位較了解監獄教化的機構負責人，多次開會詳談出書的動機與時機。但看完原稿的人都肯定這書的警世與教化作用，覺得應該出版給社會大眾看，以探討犯罪的成因，進而研究出預防犯罪的對策。所得的版稅則全數要用在陳進興侵犯的被害人身上以為補償。為保留「原味」，我們還叮嚀出版社不可增刪，而先前的「潤飾」也不會超過百分之二。由於未深入陳進興的內心世界，外界質疑內容的真實性是難免的。

後來陳進興又寫了很多獄中的讀經心得和生活點滴，我們也將之集結成書，名為「謝謝你來看我」，可惜因社會人士抵制，書賣不好，但版稅兩三萬元，我們也全數捐給方保芳診所命案的被害人家屬。

世人憎惡他，我們能了解，他傷害許多無辜，司法也予以最嚴厲的處罰，然而被害人身心的創傷並非就此了結，仍需要我們持恆地關懷，幫助受害者心靈早日獲得復甦，並藉著愛的力量舉起下垂的手、發痠的腿，揮別陰霾迎向朝陽。這也是為什麼後來更生團契特別聘任專人關懷受害人（政府已將之更名為「馨生人」）的原因，而且最近也向政府登記設立「更馨生命關懷協會」，全力去關懷被害人及其家屬。

愛能療傷止痛，確實能使人改過自新、洗心革面、重新做人。整個陳進興案是悲劇，這個悲劇裡沒有英雄，只有受害人。悲劇若有什麼啟示，這個啟示就是要及早「預防犯罪」，不再出現下一個陳進興，也不再有無辜的人白白受害。

饒恕不是向仇敵示弱，也不是為對方的罪行找藉口；饒恕是一股暖流，能遮蓋過錯化解冤仇；饒恕能療傷止痛。十字架上的耶穌說：「父啊！赦免他們，因為他們所做的，他們不曉得。」十字架是羅馬人最殘酷的刑具，原本是個羞恥的記號，如今卻因著耶穌成為仕女們美的裝飾；羞恥已變成了榮耀，只因為有饒恕。

「因祂所受的鞭傷，我們得醫治，因祂受的刑罰，我們得平安。」願十字架上所彰顯的「饒恕的愛」，帶給此刻的社會真平安，也帶給所有被陳進興傷害過的人新的心靈、重新出發的祝福。

死刑的存與廢?!

目前全世界有三分之二的國家不執行死刑，完全廢除死刑的有九十五國，戰爭時才有死刑的有九國，有死刑但十年內不執行的有三十五國，加起來等於一百三十九個國家無死刑。剩下保有死刑、且過去十年內有執行的，僅存五十八國，包括中國和臺灣；美國則由各州自行決定，有的廢有的存。世界各國對於執行死刑的看法與作法雖不一致，但歷經數十年的激辯後，多數國家的結論是處死並非治亂世的唯一方法，死刑極不人道，違反人類天賦的生存權。最重要的是，死刑無法降低犯罪率，不能達到嚇阻及改造人心的作用，對治安好壞又無絕對的關係。

我從一九八八年自美返臺服事受刑人，印象中好像監獄天天都在槍斃人，但治安並沒有更好。

一九九一年，我陪國內幾位典獄長到美國加州參觀監獄，走進有百年歷史的聖昆汀（San Quentin）監獄，看見執行死刑的瓦斯房牆上掛有三支電話，我好奇地問管理員。他答稱一支可以打給州長，如果州長肯，死囚還有特赦、減刑的機會；另一支通州檢察長，如果他提非常上訴，也可以暫緩執行；最後一支則是打回家裡告別。聽完之後我感觸良多，一個講法制的國家也同時重視人權，實在值得欽佩。

一九九三年，多位立法委員為死刑犯劉煥榮請命，要求司法「槍下留人」未果，死刑的存廢引起多方爭議。

對此，我認為死刑依然有其存在的意義，但「法外施恩」一直是《聖經》的原則。因為，人是照神的形象塑造的，人的生命理應被尊重，「殺人者死」雖在〈摩西律法〉上有明文規定，從亞伯遭胞兄該隱謀殺一事看，神為顯明公義，事後咒詛他，但當該隱知錯時說：「我的刑罰太重，過於我所能當的。」神因該隱願尋求祂的面，就給他「立一個記號，免得人遇見他就殺他」。在執行公義的同時，神也會酌情施恩。

《聖經》裡處處可見神的恩典，那位在行淫時被捉拿的婦人照律法原該用石頭打死，主耶穌竟然沒定她的罪，只囑咐她說：「去吧！從此不要再犯罪了。」主是期望人得赦免之恩後能痛改前非重新做人。刑罰有可能令人垂頭喪氣，恩典卻能使浪子回頭。因此，從《聖經》的真理談死刑，律法上雖有處死的嚴刑峻法，但「神是愛」，祂知道「死」的冷酷，所以才用愛來遮蓋。在新、舊約中，我們發現神在執行「公義」和施行「慈愛」的矛盾中，是藉著十字架來兩全其美。神用捨命的「愛」滿足自己所設立的「公義」的要求。十字架上，神審判自己的兒子耶穌執行「公義」，使原本該沉淪的人因基督替死的「愛」得以「出死入生」，這是神的救法，為有罪的人開了一條又新又活的路！

國人「亂世用重典」，但是，治安有改善否？顯然，想以死刑殺雞儆猴、嚇阻犯罪，其效果並不彰。若死刑存有「報復主義」思想，也不過是以暴制暴，仍是「以牙還牙」野蠻天性的流露而已。

死刑應否廢除，依我輔導死囚的經歷看，死刑犯有二種。一種有「熱淚」，另一種則「冷血」。對真心悔悟、知罪認罪者，神既不輕看憂傷痛悔的心，人更不應該漠視，宜考慮就現行法或立新法予以再生的機會，更生團契曾在臺北看守所輔導過一名李姓死刑犯，他聽福音後悔改，生命有改變，法官根據〈刑法〉第五十七條科刑標準審酌他「犯罪後之態度」，從死刑改判他無期徒刑，目前他活得很喜樂，臉上常有蒙恩的笑容，行為表現優良，刻正修習一技之長以期出監後能回饋社會，為主做見證。

對於怙惡不悛、「見了棺材仍不掉淚」的死囚，我和民意調查百分之七十二的社會大眾一樣贊同死刑，因了無悔意的人容易以報復洩恨，留下來還是會作姦犯科，繼續行惡，那時後果就不堪設想了，這種情形也發生過。

受刑人有無真正悔改，認定並不困難，悔改者常勇於認罪，無懼死亡，更樂意助人，甚至也願意捐贈身上的器官。經傳道人或輔導員長期教化、觀察，真悔改是可以辨認的。例如於一九九三年處決的「冷面殺手」劉煥榮是屬於這一類型的人，他有悔改向善的心，也結出悔改的果子，幫助許多獄中的人。

日本一犯罪學家說：「死刑是二十世紀正在消失中的最後野蠻。」文明國家如美國，對死刑之存廢也爭論多時，加州就曾因各方之歧見而延緩執行死刑達二十年之久。但在我們參觀後的隔年，聖昆汀監獄刑場內的瓦斯房，那座冰冷的「死神寶座」又重新啟用了。我們的國家經濟起飛，社會也在進步中，如果百姓懂得惜福，即使法律仍舊扮演「劊子手」，對守法的公民來說，應無絲毫的威脅。

「死刑」有其存在的意義，但《聖經》的原則是，悔改的死刑犯該給予重生的機會，像神給我們機會一樣——「信得永生，罪得赦免」。可是，一再拒絕恩典的結局就是滅亡，十字架上那二個與主同釘的大盜死囚，一個悔改蒙主恩寵，不悔改的就是上帝也救不了他。

一九九五年，以海倫．畢珍修女（Sister Helen Prejean）在獄中教化死囚為題材的電影《越過死亡線》（Dead-man Walking）上映，女主角蘇珊莎蘭登以此片奪得奧斯卡金像獎最佳女主角。該片雖未刻意探討死刑的存廢問題，但從死囚最後的遺言：「政府與個人都不應該殺人。」可知其仍偏重反對死刑，因故事原型的海倫．畢珍修女就是知名反對死刑人士。

廢止死刑的訴求見仁見智，但也不無道理，因嚴刑峻法並沒有減少犯罪的功能。我國近年來執行死刑次數逐年上升，治安卻沒有因此改善，以暴制暴不能止暴，也不能療傷。處決後，人對人的恨意可能減少，但心靈的創傷仍在，藥物及心理醫生永不能治療。只有以善才能勝惡，也只有愛才能永遠使傷口縫合。

死是人犯罪的結局，神樂見人再生，〈刑法〉第五十九條也針對受刑人罪後悔改的態度，闡明得以減輕其刑。在警察辦案尚未科學化、司法人員執法未能完全公正前，有誤殺無辜的可能；政府在未能廢除死刑時，審理案情宜謹慎再謹慎，才能代表神的權柄執掌公義。

二〇一〇年四月底，法務部再次執行已暫停了十年的死刑，引發死刑存廢的爭論再起。

根據犯罪學者的研究，犯罪源於家庭，顯於學校，惡化於社會。如此，是誰製造了死刑犯？家庭和社會都有難逃之責。觀看我們收容從法院送來的孩子，當我們去家訪時，看到他們家徒四壁，屋內雜亂無章，父母早已離異，多數隔代教養；孩子從小不是被打就是被罵；家裡什麼都髒，只有酒瓶乾淨……。如此生長環境，要教他們不犯罪也難。孟母要三遷，也是怕孩子在惡劣的環境中學壞。

人犯罪被處死刑，我們積極的作法應該是去救他們的「靈魂」，而不是丟「石頭」。用死刑解決罪的問題無濟於事；勸人悔改使人與上帝和好，才是根本解決之道。過去輔導死刑犯時，因官司壓力及其民間信仰，他們能接受福音的大約只有一半。死刑一旦定讞，七天左右就會槍斃，他們也無暇考慮信仰，我只能眼睜睜看著他們的靈魂流失。從二〇〇五年至二〇一〇年間，因為不執行死刑，那些定讞的死刑犯反而因為有時間思考救恩，信耶穌的人變多了。

讓死刑犯活著，他們可以做工養活自己，不必「食了米」，也可以賺取收入賠償被害人的損失。法務部推動的「修復性正義」或稱「修復式司法」（Restorative Justice）就是要讓加害人對被害人做出實質補償，那樣才算合乎正義的作法。

因此，對於總統馬英九在回應死刑議題時提出「共識決」的看法，進行必要的口頭辯論，我深表贊同，目前且已開始實施，要定讞之前讓雙方進行辯論，再做定讞與否的判決。我也認為可建立「第四審」制度，對死刑判決定讞的罪犯，由被害人、家屬、社會正義人士、教誨師及法官組成合議庭，若受刑人態度良好、真心悔過，並願意向被害人道歉及補償，受害家屬也願意原諒的話，再來做最後審判，決定是否要給受刑人機會贖罪。當然，最重要的，還是要以被害人的照顧與意向為優先。至於如何判斷受刑人是真心悔改還是裝假？其實，監獄管理員一看囚犯表現就知道是真還是假，真不真心會反應在他的行為上，騙不了人。

和好：犯罪的修復

臺灣每年約有二十萬刑案被害人亟需被人關懷，以療傷止痛走出陰霾，並促進和睦。因此我常常鼓勵受刑人向被害人家屬道歉，也鼓勵被害人家屬到監獄來探望當初加害他們親人的受刑人，期望透過彼此的饒恕，將長久深藏心裡的虧欠、羞愧、仇恨、傷害放下。

例如林蓉芬女士。她們家於一九九五年三月某日遭歹徒強入，翌年偵破。出庭時，林蓉芬女士因為是基督徒，關心歹徒的靈魂得救，拿著《聖經》及《荒漠甘泉》，委請檢察官交給歹徒之一的蕭仁俊，蕭仁俊這才寫信向她們全家致歉並請求原諒。從那時起，林蓉芬女士就與蕭仁俊通信，並常帶著二個女兒一起到臺北看守所探視，只希望蕭仁俊有生之年能知罪悔改、浪子回頭。蕭仁俊被他們一家人饒恕的愛感動，在看守所裡悔改、受洗，成了基督徒。雖然仍因命案被判處極刑定讞，但他心中極為篤定，每個禮拜固定參加更生團契在看守所內的聚會，靈命不斷地成長。

事隔多年，林蓉芬女士的二個女兒都已在美國唸書，但每次返國都會到獄中探訪蕭仁俊。蕭仁俊因領受這一家的愛，誓言有朝一日若能活著出獄，必定結草銜環回饋社會。迄至今日，蕭仁俊寫給林蓉芬女士的信近百封，而她寫給蕭仁俊的信也不計其數。兩造之間的「冤仇」在耶穌的愛裡已化為烏有。

犯下神話世界KTV縱火案的湯銘雄不只為被害人家屬的杜家人所原諒、寬恕，還視他為家人。一九九七年七月十九日，槍決前二天，我們在看守所為湯銘雄舉行「最後的禮拜」。令人感動的是杜花明老師和她母親杜花女士從東部趕來見他最後一面，篤信基督的杜媽媽語帶哽咽地對著他說：「銘雄，這次我來看你，是要讓你知道，你生，是我的『兒子』；死，也是我的『兒子』。」湯銘雄與她們握著手道別時直呼「姊姊！」與「媽媽！」

杜媽媽難過地說：「我已經死了一個兒子，現在又要送另外一個兒子走，叫我怎能不悲傷、流淚。」湯銘雄則一直安慰她們要靠主的愛剛強。

杜花明老師見證他們互愛的過程：

法庭內，死者的家屬們全擠在一處，高漲的情緒已蔓延至整個法庭外。審訊過程中，法官問話幾乎被群眾叫罵聲掩蓋過去，部分家屬怒火難息地衝上前往縱火犯湯銘雄身上猛打。面對這樣喧鬧的場面，我一個人坐在法庭後方，不知道自己可以做些什麼。我心中只有向神禱告，求主讓湯銘雄在被處決前的這段期間內，給他機會，使他靈魂能得救贖。

那時的我也才剛從婚變陰霾中站起來，我投身於教會活動服事和讀經禱告的生活。在經歷基督的愛之後，我選擇原諒縱火犯湯銘雄。起初我透過獄中的更生團契向他遞出第一封信，信裡表達我對他的關心和接納，並且我想將耶穌介紹給他做為朋友。然而我的母親和妹妹們並不知情，直到他開始回信，並且抬頭署名給我媽媽。我只好硬著頭皮去向母親說明這件事……。

我們家族是原住民，我母親說，按過去部落的作法，全族人必要帶刀、帶武器去報復他。但自從接受基督的愛之後，她已無心想報復的事情，因為教會的教導是要如何饒恕別人。現在的她把湯銘雄當做自己兒子，所以湯銘雄若活下來，她會認為她還有一個兒子活在世上。湯銘雄因而相信世界上是有人真正愛他且接納他的，他加入更生團契，開始學習禱告，養成每天讀經的習慣，並且與獄中受刑人一起唱詩歌，又為獄中弟兄代禱。

來到他小小三、四坪的牢房內，牆上掛滿衣服，桌椅是由書籍、紙箱等隨意堆疊而成，靠近門口處有一馬桶。他正與室友一起作謝飯的感恩禱告，簡單的飯餚放在地板的報紙上。獄中室友說認識他三年多，原本性情暴躁易怒、不易親近的他，對人說話語氣開始變得溫和有禮貌；看守所管理員則說他在信中開始會主動關心家人與朋友，從用詞上可以明顯看出他性情的轉變。雖然他行走時雙腳仍被鐵製腳鐐禁錮不便於行，但與他從前渙散的眼神相比，現在的他不管走路或唱歌都顯得精神極好。看到湯銘雄的生命能有這樣的轉變，對我們來說是很大的激勵……。

如今我和湯銘雄以姊弟相稱，一九九七年一月二十二日，傳神頻道網在臺北看守所舉辦電影佈道會，我和先生受邀出席。會中我們合唱了〈在耶穌裡〉，「我們是一家人……。」也為銘雄按手禱告，求主祝福銘雄的生命，並將他的生命交託在主手裡。我們也相信他的生命已經得到拯救，肉體上的死亡不是死亡，靈魂的死亡才是真正的死亡。七月十五日判刑結果出爐，銘雄很坦然、鎮定地接受判刑結果，並且將他器官全數捐贈，造福二十名病患。

在他做完健康檢查並簽署器官捐贈同意書後，牧師彈著吉他與他一同唱著「我有平安如江河；我有喜樂如泉源；我有永遠的生命；我有主愛如大海在我心……。」他一面用力打拍子，一面唱出滿有信心的歌聲。七月二十一日行刑前，湯銘雄穿上傳神頻道網幫他準備的「愛篇」T恤：愛是凡事包容、凡事相信、凡事盼望、凡事忍耐。上面簽滿同工對他祝福鼓勵的話，並為他戴上十字架項鍊。晚間九點，湯銘雄昂首闊步走向刑場，無須執法人員攙扶，邁步走向永恆的天堂。

我想，如果不是主耶穌的愛在我當中，我無法如此平靜面對弟弟的離開和原諒先生的不忠，並且重新展開生活。饒恕也許是一輩子要學習的功課；但彼此傷害更是一輩子的束縛。願我們都能效法基督的愛，化解生活中的紛爭，正如《聖經》所說：「因為愛能遮掩一切過犯。」

基於長期關懷全國受刑人及其家屬，有感犯罪被害人身心靈重建之重要性，我們以實際行動結合各界，幫助受刑人及其家屬從傷痛中站起來，重新面對未來。在眾人的關愛中成長，不但過去的傷害獲得醫治，又得以進一步在仲裁者的協助下，與加害人取得諒解、和解，共同營造一個安和樂利的社會。

一九九八年十月一日〈犯罪被害人保護法〉施行，翌年，我們與基督教救世傳播協會在臺北的二二八和平公園聯合舉辦了一場關懷被害人的「疼惜之夜」晚會，因為被害人的傷痛可能是一輩子，因此，努力撫平其創傷，以及致力於被害人與加害人兩造和解（Victim-Offender Reconciliation, VOR）是我們的事奉方向。我們一方面參考美國的經驗，一方面致力以基督的愛，讓加害與被害人化解冤仇、憎恨。現在這種 VOR 的精神，在台灣就是「修復式正義」，也是從國外引進來的。

例如，克萊格因殺人罪被判處無期徒刑，坐牢已十四年，如果你問他在獄中最難過的事是什麼，答案絕不是監獄暴動或被獄友修理。真正令他感到痛苦的是與被害人的家屬面對面，細聽他們述說心中的憤怒與傷慟的往事。

美國監所裡現在有「被害人與加害人兩造和好」的課程，致力於這項工作的效果一定會比只把人犯關起來更為顯著。

在美國的司法制度下，大部分的受刑人都沒有機會與被害人說話，有的頂多是在出庭時匆匆一瞥。政府判他們刑責，但未能給他們機會向受害人表達歉意，政策顯然有欠周延。這種不合人道的制度，剝奪了加害人去了解受害人的感受與痛楚的機會，因此，「被害人與加害人兩造和好」的課程就帶來截然不同的正面意義。就像克萊格說的：「與被害人的家屬見面，幫我看見自己是罪有應得的，應受懲罰。」他那種對責任感的強烈體認，比只判他坐牢更易於讓他覺悟。

「和好」對刑案關係人都有益處。對受害人而言，它提供機會表達受害時的憤怒及傷痛；對加害人來說，則是讓他們看到——人要為自己的行為負責，並且還要盡量予以彌補及挽回。通常這樣的聚會，最後都是以加害人向被害人致歉，並表示願意負擔賠償責任為結束。況且，和解本身也是良好的刑事政策，以目前居高不下的再犯率看，我們應該很清楚，因為監獄只關得了人的「身」，改變不了人的「心」，「兩造和解」的課程可以帶來加害人內心真正的懺悔。

一名受刑人猶利士曾說，當他坐牢時很後悔，他的意思是「我真倒楣，被逮到」，但當他參加兩造和好的課程時，他說：「那是我頭一次把被害人當成真正的人看待。」他加以解釋說：「我現在才體會到，他們就像是我的媽媽、爸爸、哥哥、姊姊。」課程結束後，他感受到從未有過的「真正痛悔及感同身受」。

悔悟之後才能帶來真正的改變，根據一九九二年美國明尼蘇打州犯罪與制裁委員會的報告，青少年犯參加這種和好課程的，出獄後的再犯率幾乎是零。

《聖經》裡的公義準則是：罪要處置，但恢復社區的和諧也是同等重要。犯罪把整個社會的安寧網戳破了一個大洞，兩造的和好與饒恕能縫補破網，使社會恢復祥和，並帶來《聖經》裡所應許的「真平安」。因此，二〇〇〇年九月月二十六日，我們又與基督教救世傳播協會、臺灣世界展望會召開「溫暖一顆受傷心」記者會，結合企業界於十至十二月舉辦活動，籌募三千萬元成立「關懷犯罪被害人身心重建基金」，讓犯罪被害人的生活都能無後顧之憂。

饒恕帶來和睦，為激勵刑案被害人走出陰影、放下仇恨，因此，更生團契「義光獎」從二〇〇三年第一屆起，頒獎者都是刑案中的受害人。例如，二〇〇四年第二屆義光獎頒獎典禮，其中一位頒獎人就是被陳進興殺害的方保芳診所鄭姓護士的母親，傑出更生人從被害人家屬手中接下義光獎殊榮，一個懂感恩、一個肯饒恕，獲獎人接下獎牌的那一剎那，雙方都熱淚盈眶。

嘉義浸宣水上教會闕戴淑孅師母，因加害人李保羅於一九九九年十一月間突然闖進門內，二話不說朝人便砍，先生闕明義牧師在亂刀中喪生，二個女兒也嚴重受傷，她起初很難接受「上帝的僕人」竟要橫死刀下的事實，有時也難免對囚禁在看守所的加害人咬牙切齒。經過陣陣悲痛後，她明白哀傷並不療傷，便擦乾眼淚迫切禱告，並把受傷須坐輪椅的女兒送去韓國祈禱山，靠主帶領全家走出陰霾，爾後，女兒的身子在眾人不斷禱告，以及醫療與意志力支撐下得治，一家人對歹徒的恨意也全然消除，又照神的教導饒恕加害人，使自己得釋放並成為他人的祝福。當他們獲知加害人免除死罪、被判無期徒刑時，闕戴淑媺師母心中甚覺安慰，為他能活著感到高興，期待有一天能到獄中去探視，並親口對他說：「耶穌愛你，我們也願意原諒你。」

謝炳富先生於服役期間因細故與長官發生摩擦，於是趁保管槍枝之便監守自盜，私藏一把四五手槍以為報復。部隊找不到槍枝，唯恐事態擴大，於是宣布「只要繳回，既往不咎」。他本性不惡，見同僚因他不得放假悔不當初，既然司令願意寬恕，於是自首繳回。萬沒料到繳返後翌日，他就被收押了，並經軍法判處死刑，幸得上訴才改判無期徒刑；但他心裡千萬個不甘心，對長官的言而無信深惡痛絕，於是伺機報復。二年後他越獄逃亡，但還未來得及報復就在一次警察的臨檢中落網了，一些破不了的案子盡數羅織給他，並受盡不人道的刑求、逼供，他又莫名奇妙地被判了一個無期徒刑。

能讓謝炳富在獄中十七年而不發瘋的力量是他的「恨」，滿懷憤恨的他羅列了長長一串共計三十二人的名單，準備出獄後一一殺害洩恨；《基度山恩仇記》是他的「聖經」。他「信」有恩應還、有仇必報。獄中牧師以「苦難是化妝的祝福」安慰他，他當然不能接受，他想：「無端坐牢，生不如死，會有什麼福？」

他出獄後我仍持續追蹤，並時常要他上教堂、研讀《聖經》，謝炳富也真的保持上教會的習慣，日復一日的耳濡目染，他終究被《聖經》中的教義與訓斥感動，使他報仇的心動搖，在某夜獨自深思時，瞥見昔日牧師送的《聖經》，想起牧師的諄諄教誨，剎時茅塞頓開，隔日赴更生團契找我，細談時想起往事，他不堪回首熱淚盈眶失聲痛哭。我勸他「愛仇敵」，不要「以牙還牙，以眼還眼」，要「以善報惡，以愛勝恨」。經過一番深思他終於明白，決定放那些人一馬，一「哭」泯恩仇，選擇饒恕、包容，內心頓時釋懷，釋放十七年來所積之怨忿。

後來他得到朋友的協助，在圖書公司上班，三年後在親情與信仰的鼓勵下，創立了南部地區最具規模的兒童書店，完成小時候「想開一家最棒的書店」的夢想，不但事業有成，也獲得教會一位司琴小姐的青睞。除此之外，他也經常到監獄分享自己從復仇者轉變為饒恕者的心路歷程，鼓勵有相似經驗的受刑人放下仇恨重新站起。

在監獄裡輔導一些受刑人，總有一些臨死前仍不能饒恕、赦免人的，甚至揚言十八年後還要回來報復。但想想，我們的榜樣就是主耶穌，祂在十字架上說過「父啊！赦免他們，因為他們所做的，他們不曉得。」祂替人找個理由來赦免人，我們也可以替壞人找個理由來原諒他們。

由於「犯罪破壞社會秩序，影響被害人與其家屬至深至鉅，為激勵刑案被害人走出陰影重建身心，從悲慟中站起來，不但過去的傷害得以醫治，被害得到補償，又願嘗試與加害人進行兩造和解，共同營造家庭及社會之祥和氣氛」，二〇〇六年，我們在法務部、內政部和臺灣士林地方法院地檢署的指導下設置「恕光獎」，表揚寬恕加害者的被害人或家屬。

六十八歲的原住民陳香妹女士，她的長孫於二〇〇七年因一場酒後口角，遭人持水果刀刺殺，肇事者還是自家親戚，讓她一度悲痛欲絕。後來，因著基督信仰，陳香妹姊妹不住禱告走出傷痛，選擇饒恕對方，並主動與加害者的家屬和好，一起勇敢走下去，還鼓勵加害者在獄中要上進，將來出獄好好孝順父母。

「游媽媽」游林美雲女士的十七歲獨子於二〇〇〇年十二月二十四日聖誕夜，應朋友之邀參加在臺北市立長安國民中學校園內的烤肉活動，因有二群青少年吵架，他不明究理地被十五歲的楊姓少年刺殺身亡。游媽媽的先生才因罹患肝癌逝世，現在獨子又遭人殺害，她幾乎崩潰。夜深人靜時，半夜聽到敲門聲以為兒子回來了，開門一看什麼也沒有。家人怕她想不開，把她接回娘家，但她每晚幾乎都哭著醒來。

喪子之痛令她失神，洗米時不自覺把米倒進馬桶；買了四具展示洋娃娃回家，定時為「兒子」更衣；出庭時，還在皮包裡藏水果刀和農藥，想和兇手同歸於盡。陷入強烈報復情緒的她，「讓家人都以為我起肖（瘋）了！」最後更是癲癇纏身。

更生團契宜蘭的同工邱松山、陳飾鍊夫婦及志工陪她、關心她，協調加害人父母到家中致歉，游媽媽心中的恨意才稍得化解。三年後有一天，心裡突然有個聲音告訴她說：「如果自己的孩子殺人，我們也會希望別人原諒吧？」游媽媽驚醒過來，向來訪的同工問及楊姓少年的近況，我們見她心田柔軟，即安排她陪著孫越叔叔等人一起到高雄探視。

「游媽媽，對不起！可以原諒我嗎？」這是楊姓少年見到游媽媽的頭一句話。

排除萬難，冒著親友的誤解到監獄看殺兒子的兇手，想用愛幫助他將來成為有用的人，游媽媽當然說可以。「我這趟來看你，是要告訴你，我願意原諒你，給你機會。」

兩人像母子一樣談著談著，游媽媽的手很自然地搭在楊姓少年的背上，說話如同對看兒子般親切、和諧。談了一段時間就快分別，楊姓少年突然起身要求說：「游媽媽，我可以抱抱妳嗎？」

面對楊姓少年的請求，游媽媽先是一怔，繼之一想，「我能說不嗎？」她點點頭，站起來張開雙臂兩人相擁，楊姓少年的淚水如潰堤般簌簌地滑過游媽媽的背脊。聽到楊姓少年的飲泣，游媽媽於心不忍，感覺猶如親生兒子在哭，原本心情平靜的她，眼淚也不聽使喚滴滿雙頰，更浸濕楊姓少年的衣襟，「那一瞬間，我感覺自己的兒子回來了！」

游媽媽親赴監所擁抱殺子兇手的消息傳開來後，感動社會許多人，這種饒恕的愛，幫助游媽媽走出喪子之痛的陰霾，二〇〇九年十二月更受洗歸入主名下。由宜蘭區會主委王英世牧師為她主持洗禮，蘭陽教會婦女團契組成詩班為她祝福，更生團契也組詩班為她獻詩。她被基督的愛包圍，覺得自己太幸福了，若沒有愛，可能走上絕路也說不定。

游媽媽探監擁抱殺害兒子的兇手，被害人與加害人和解之案例在國際更生團契二〇一〇年大會宣讀，做為犯罪修復之範例。

成立信望愛少年學園

一九九二年，我們到德州阿馬里洛（Amarillo）鎮參觀「卡法黎少年學園」（Cal Farley's Boys Ranch）。卡法黎少年學園成立於一九三九年，地處偏僻，起初利用廢棄屋收容九名問題孩子，只因為卡法黎夫婦愛的執著與苦心經營，扭轉不少青少年的偏差行為，也造就不少人才，從高中部畢業出去的學生個個成為企業界爭取的對象。因此每年申請要進入的人逾千，惟名額有限，只有二百名「幸運」的不幸少年被接納。目前收容有五百多位過去行為偏差、令人頭痛的少年。

今日的少年犯就是明日的成年犯，因此，犯罪預防非常重要，與其在下游致力犯罪矯正，不如在上游提拉犯罪邊緣的兒童、少年虞犯或受保護管束者，以及一般中、小學生的犯罪預防宣導。有感於青少年犯罪預防工作的重要性，我也興起辦學園的念頭。我相信，別人做得到的事，我們一樣可以藉由加倍努力達成。

其實，在一九九〇年時，我們就開始收容了一批由臺北市政府社會局和法院送來在犯罪邊緣的青少年，因此亟需要一間房子來安置他們。這時，有一位鄭姓姊妹知道犯罪預防工作的重要性，因此變賣丈夫生前留下的股票，捐贈一百二十萬元給更生團契，讓我們得以順利購買了一間三十坪的公寓，並向臺北市政府社會局立案成立「北投少年之家」——財團法人基督教更生團契附設臺北市私立北投中途之家，幫助臺北地區的迷失羔羊。

一九九三年一月初，我們在榮總附近租了一間房子，成立了「第二家」。之後又陸續成立了財團法人基督教更生團契附設桃園縣私立少年之家（桃園少年之家）、桃園兒童學苑，以及親子之家。

人性畢竟是軟弱的，經不起太多顯眼的誘惑。市區誘惑太多，孩子下課返家途中，在超商還是會手癢作案，後來會在花蓮設立少年學園，原因即在於此。

由於更生團契所服事的對象大多為問題人物，因著他們過去所處的環境及交往的人過於複雜，為了斷絕以前不良的影響，我們決定在較單純的鄉間環境創辦「信望愛少年學園」（簡稱少年學園）來收容他們。因為，家庭及社會環境一直是青少年犯罪的兩大因素，誤入歧途的人想重新出發，除了適當的人長期輔導外，換個新環境陪著他們一起生活，共同度過風暴狂飆期，是可以避免他們重蹈覆轍的。

雖然我們沒有地，但有人捐地及售地，最後在花蓮縣光復鄉有了二十公頃的土地，但是沒錢蓋房子。於是，孫越叔叔與我們一同發起「送發票給孫越」，向社會大眾募集發票，使發票聚沙成塔、積少成多，再透過宇宙光全人關懷機構將發票中獎所得用來幫助少年學園。

一九九三年的母親節，宇宙光全人關懷機構展開一場有聲有色的「送炭關懷活動」，主題是把愛送到少年學園，由孫越叔叔及陳淑麗小姐為代言人，目標是募集二千萬元。這個活動贏得了社會大眾廣泛迴響，這個一百，那個一萬。

景觀雕塑家袁宗榮弟兄看更生團契收支呈赤字，於是介紹我認識一位長者，說那人很有愛心，經費不足一事他會支持的。見了面，我報告探監、輔導獄中人的一點心得，也把我的夢想——為犯罪邊緣的年輕人蓋一座少年學園——講述給長者聽。沒想到，當談到我曾親自進入少年觀護所與百多位少年犯共處一天一夜，勸勉他們要爭氣，不要再走迷途時，長者竟已淚流滿腮，隨後他就把積存多年的儲蓄劃撥進了更生團契的帳戶裡。

是年，我也因志工林義盛弟兄的推薦，獲得吳尊賢文教公益基金會第六屆「吳尊賢愛心獎」，我把獎金二十萬元全數捐出，因為，「錢在那裡，心也在那裡」。吳尊賢文教公益基金會係企業家吳尊賢先生及其家族於一九八一年四月十日捐助成立。創立基金會是本於取諸於社會用諸於社會的精神，以盡其回饋國家、社會之熱忱。主要宗旨在推行社會教育，協贊公益慈善事業，提倡文化教育活動，消弭社會暴戾之氣，改善社會風氣，以增進全民福祉。每二年舉辦一次「吳尊賢愛心獎」選拔表揚活動，由各方推薦全臺各地深具愛心、默默行善的人士，經過慎密的評選後公開表揚，冀求人人見賢思齊，加入公益慈善行列。是年得獎的還有孫文修、羅慧夫、釋聖嚴、潘如玉、蔣順榮、陳墩仁、顏福生、曾春芳、戴招元，以及臺中縣啟智協會、統一企業員工扶仁社。

如此，累積了一千萬元，然而，離預期的目標還有一段距離。

剛好，臺灣柯達股份有限公司要辦在臺二十五年的回饋活動，為臺灣做點有意義的事，因此主動聯繫，表達願意參與挽救青少年靈魂的行動，加入送炭行列。送炭的火種因此繼續燃燒，並轉化為「遠離邊緣」的活動，柯達耗資請廣告公司設計系列活動炒熱話題，全臺灣不論在公車或各式看板，幾乎都能看到鮮明的「遠離邊緣」廣告，其中尤以「買柯達軟片，柯達就捐少年學園五元」的企劃最受矚目，遠在美東的柯達總公司總裁也親自飛抵臺灣，舉辦一場別開生面的餐會，在數百家臺灣柯達公司眾經理的見證下，由孫越叔叔和我代表接受捐款八百萬元。加上後續零星捐款，宇宙光一九九三年送炭，二千萬元的目標總算圓滿達成。

我原以為只要有錢就行了，那知在山坡地蓋房子必須先取得水土保持許可。旅美建築師趙世明深有感動，一九九四年千里迢迢搬回臺灣鼎力相助，擔任總規劃建築師。他與我去了花蓮縣政府、省政府不下N次，因山坡地開發手續繁瑣，歷經五年的努力、蓋了三百個章後，終於一九九九年動土興建。

我原以為只要募得二千萬元就可以向政府申請對等補助二千萬元，結果因〈政府採購法〉於一九九八年五月二十七日制定公布，得不到補助，但千辛萬苦才拿到建築執照，水土保持工程也花費了三百萬元，不蓋怎麼行？將來怎麼向所有的捐助人交代？當工程進行到一半之後，團契所有的存款均已告罄，眼看「粗糠擠不出油」，後續每個月約需二百萬元的工程款不知從何而來，心中不免耽憂，只好向上帝迫切祈求，也在獄中教化時請求受刑人幫忙代禱。

其實，忠心做事，所需的費用神會感動人捐助的。就在不知下個月怎麼付款時，二○○○年六月二十七日傍晚，我與妻在臺北市立大同高級中學操場慢步運動，妻問我說：「萬一房子蓋不下去，錢繳不出來，你會不會坐牢？」

「坐牢最好，剛好我可以到裡面傳福音。」我說。

這當然只是一句冷笑話。我們夫婦倆就在跑道上邊慢步運動邊禱告上帝。操場人很多，聲音也很吵，我向天吶喊都沒人聽到，但上帝聽到了。禱告後三天，六月三十日星期五，下午五時快下班時，奇妙的事發生了。大眾電腦股份有限公司董事長特別助理王雪齡知悉、受感動，打電話給我，問我蓋少年學園要做什麼用。我分享了去參觀卡法黎少年學園的心得，說：「我們需要多關懷邊緣青少年，陪著他們一段時間，教他們一技之長，並給他們基督愛的信仰，才能真正解決青少年犯罪的問題……。」

她聽了之後，表示有感動，接著又問道：「那你還缺多少錢？」

我說：「一千五百萬元。」

她二話不說，即刻像馬利亞打破香膏膏主耶穌一樣，慨允奉獻所短缺的全部工程款，「一千五百萬元就由我來奉獻，你不用擔心，好好去傳福音就是了。」她說。

掛了電話，我馬上跪在地上低頭感謝上帝，眼淚直流，也跳起來舉手向天敬拜讚美主。

不只這樣，當結構完成後，又有南亞塑膠工業股份有限公司門窗事業部經理王貴雲也捐贈了價值數百萬元的鋁門窗等。

二〇〇一年一月蓋妥、獻堂。只是，房子雖蓋成，經費卻已用盡，缺乏床鋪、桌椅，難以運作，幸虧內政部及時補助開辦費購置設備。

對於這一連串的奇異恩典，趙世明建築師說：「不靠勢力與才能，靠神的靈與應許，長達七年辛勞，從無變有，終於成就跨世紀的建設。」

經過五年的籌辦、兩年興建，二〇〇二年二月，少年學園開始收容有犯罪之虞、行為偏差之青少年，用「基督的愛」愛他們。盼望透過我們的付出與關心，使問題青少年得以遠離犯罪邊緣，進而接受栽培成為社會上有用的人。因此，老師們天天陪伴他們，用生命影響他們，以愛心提攜他們，除了幫助他們回歸學校繼續就學，並鼓勵他們學得一技之長，有競爭力及謀生的技能，更期待他們「輟學生變大學生，大學生變留學生，留學生再回來教學生」。

在家庭問題未解決、社會大環境的污染及不良示範未清除乾淨前，三言兩語對青少年犯的勉勵、慰問，還不如親自與他們住幾年，在他們身邊以身教感化他們來得有實效。因此，我常跑花蓮與孩子共同生活，我發現他們幾乎來自問題家庭，受過家人的傷害，身世堪憐。但來到這裡被人疼惜，受傷的心靈漸得醫治，前途也漸露曙光。例如：

小源，二歲時父母離異，從小缺乏父母照顧，幾次遭惡人利用去偷竊，後因竊取路邊車輛內物品被捕。在少年觀護所時，我找他談，但他只會笑、不講話。原以為他自閉，經查檔案得知他智力正常，只因功課不好、識字不多，所以缺乏自信及安全感而已。被法院裁定到少年學園後，他變得快樂開朗。他喜歡吹笛子、抓昆蟲、畫昆蟲，幾次臉帶笑容地把手上的獨角仙及所畫的獨角仙秀給我看，並充滿喜樂地和我說了不少話。三個月後，他出庭時告訴法官，希望能繼續留在少年學園，因為這裡有愛。我們努力教他識字，培養他的信心，以彌補他幼年所失去的愛。

小漳、小志是雙胞胎，家在臺北，父親因煙毒案入獄，叔叔也吸毒，爺爺則酗酒。母親為了養家，勞碌奔波，兄弟倆不知自愛，每天泡網咖、結交損友、吸菸、喝酒、逃學、逃家，母親為了救他們，不得已只好請少年隊把他們捉去少年觀護所。從少年觀護所來少年學園時，國三課程剛好接得上，兩兄弟因脫離不良環境，開始正常就學，個性沉穩許多，母親每次來訪，看到孩子改變都難掩喜樂之情。初轉學時難免被排擠，但兩人都學會「被罵不還口，被打不還手」，有時忍無可忍，他們在放學後到少年學園的教堂禱告，邊哭泣邊向上帝傾訴。有一回小漳需要一件運動外套，但福利社缺貨，他只好禱告期待奇蹟出現。有一天上課時，書桌上竟然擺著一件外套，究竟是誰送的至今沒人說，但他內心的感動澎湃不已。兩人國中畢業後繼續就讀高職，之後還被挑選到國立東華大學參加「大學體驗營」，盼望他們真的能前進大學，學得一技之長，將來回饋家庭與社會。

小哲十二歲，父母離婚、再婚又分居，導致他的價值觀混淆不清。父母雖受高等教育，但管教方式欠妥當，動輒因小哲不聽話就揍他、踹他，嚴重傷害他的自尊。因此他說謊、偷竊、毀損，入了少觀所。保護官一度因他桀驁不馴想放棄，後來探知更生團契有學園，就讓我們一試。來了一年多，他起居作息正常，學習順服，一次聽孫越叔叔提起電影《明天過後》很精采，我帶他去看時，他興奮之情溢於言表。購票時拿到的一張爆米花加可樂的優待券，更使他樂不可支，直說這是他有生以來第二次進電影院，也是第二次吃爆米花。看完電影我鼓勵他寫心得。一回到家，坐上電腦桌，沒多久一篇三百多字的文章馬上出爐，且文字通暢、內容豐富，真是「孺子可教」。他愛看書，理解力強，回去讀國中時，許多科目都考九十幾分。期待他努力求上進、懂得謙卑、和睦與人相處、用耐心應對進退。有一天，「輟學生變留學生」，讓父母親再度接納、刮目相看。

小明、小義是親兄弟，自幼喪母，父親忙於工作，但愛喝酒，每次醉酒就找孩子出氣。當社會局透過牧師把孩子送來學園時，哥哥小明在群體中適應不良，若非輔導員有耐心，恐怕也會逃離，還好牧師常常鼓勵他；自他上學後，情緒很穩定、功課進步很多。有一天，弟弟小義知道我過生日，悄悄地用色紙剪了一張生日卡拿到我房間，祝賀我「百年長壽」。看自幼沒人疼惜的他那麼善體人意，實在討人歡喜。多陪他聊幾句後，他竟像自己的孩子般依偎在我腳下，隨後乾脆伸直身軀，輕鬆自在地躺在地板上，與我細說生活點滴，同時恬靜地享受了替代的「天倫樂」。

值得一提的是，少年學園自成立以來，孩子夠吃夠用一無所缺，要感謝威盛信望愛基金會的長期捐款。該基金會係威盛電子股份有限公司董事長王雪紅於一九九八年成立，以關懷不幸少女、拯救雛妓、協尋失蹤兒童及參與社會公益活動，促進社會之安和樂利，發揚信望愛之精神為目的。

王貴雲、王雪齡、王雪紅等三位女士是台塑關係企業董事長王永慶的女兒，都是極虔誠的基督徒。王家數代皆信仰基督。王永慶董事長的父親王長庚在她們小時候，常坐在客廳讀《聖經》，也常抱她們在膝蓋上教她們唱聖歌、帶她們上教堂；她們的母親王楊嬌女士也是虔誠的基督徒。

開始遨翔的飛行少年

少年學園這些曾被社會和家庭遺棄的孩子個性都較為孤僻，沒有自信心，做事情都提不起勁，一副無所謂的樣子。為了建立孩子們的信心，並體會成功的經驗，在二〇〇五年時，我決定教導他們騎獨輪車。

其緣於臺灣板橋地方法院觀護人盧蘇偉好意贈送給少年學園五部獨輪車，他認為騎獨輪車可以刺激大腦、小腦、左腦、右腦，開發潛能，增加身體協調性，更可以使青少年養成不怕苦、不怕挫折，跌倒了再站起來的精神，在預防及矯治犯罪上有很大的幫助。

日本犯罪學研究發現，會騎獨輪車的孩子不會變壞，所以日本小學生都要學騎獨輪車。因為獨輪車講究平衡，必須運用大腦、小腦；講究平衡的結果，思想不會偏差，行為也就不會偏差。

收到車子後，我鼓勵學生，只要騎二十分鐘不跌下來，就發獎助學金一萬元。可惜重賞之下仍無勇夫，因為學生一騎上去馬上就跌下來，十分受挫，加上沒人教，後來就都放棄了。

過了九個月，盧蘇偉觀護人得知情況，甚覺可惜，於是親赴學園指導，並且又多送了十幾部車，鼓勵所有學生一起學習。遠在屏東縣立勝利國民小學的莊忠勳老師也來到學園當教練，二〇〇六年一月中旬起，二十位學生開始利用放學後的時間及週末練習騎獨輪車。

起初的學習狀況不佳，有的怕摔又偷懶，但經老師一再鼓勵，總算勉為其難地堅持下去。隔了一陣子，有幾位已經可以騎幾步，本來不想騎的再練幾天也會了，大夥越騎越有心得，不消三個禮拜，不會騎、不想騎的，個個都會了。

我見盧蘇偉觀護人送車，又見莊忠勳教練遠道而來，深受感動，既然他們說學獨輪車沒有訣竅，只要學上一個月，摔上一百次，一定會騎，我雖年逾六十，體能不如年輕人，但為了給學生數立榜樣，便決定親自披掛上陣。每摔一次，就帶著笑容對自己說：「又接近成功一步了。」雖然跌到膝蓋、手肘破皮流血，還好都是輕傷，一點也不礙事。

新收的學員有的怕摔，不想學，看到我跌倒還是爬起來繼續騎，加上我一直鼓勵他們說：「連我都可以騎，你一定沒問題！」於是他們就試了再試，因年紀輕、體力好，果然後來居上，越騎越有勁，最後成了精英。

盧蘇偉觀護人不但來教，還安排了一連串的自我挑戰活動。盧蘇偉觀護人依據他的專長——「潛能開發」的觀念，提議大家一起去騎環島，激發學生們的鬥志，培養他們的信心、毅力和勇氣。他用自己與妻子的年終獎金訂購了五十部全臺灣最好的獨輪車送給園生。

我為了提升學生身心素質，以及高挫折忍受力，便滿心贊同，深知這是給學生一生最大的操練，只希望他們個個將來剛強壯膽、不畏困難。

我們先在大興村挑戰五公里，學生初試身手果然不負所望，皆順利達成目標。莊忠動教練眼見孺子可教，特別傳授「穿山洞」、「大車輪」、「接龍」等特技，因學習情緒高昂，技術越練越純熟。然後十公里，慢慢培養到五十公里，再到一百公里，騎至花蓮市區，利用半年的時間操練體力及技巧，並熟悉路況。

為了師生六十人在外的食衣住行，我們召開多次會議，討論再討論，鉅細靡遺，大費周章，光預備隨行車輛就有前導車、維修車、醫護車、補給車……等十餘部，其他的事也是千頭萬緒。

學了獨輪車後，學員們都精神了起來，每個都是抬頭挺胸的模樣，因為獨輪車讓孩子發現自己的價值。他們亟需要有成功的經驗，好在社會上有立足之地。耗費這麼多的人力和物力，就是要他們了解到被愛和成功的經驗是如此的重要，這甚至可以決定一個人一生的走向；這樣的投資，就是要給這群少年去體驗從來沒有被滿足的愛和成功經歷！

二〇〇六年七月十五日，盛暑艷陽下，在「亞洲羚羊」紀政小姐等的祝福、鼓勵，以及授旗、鳴槍後，三十位孩子從臺北大稻埕河濱公園出發，以二十天的時間，騎獨輪車環臺一千公里。

千里不算遠，但學生才學會騎半年而已，現在每天要騎五十公里，心裡難免擔心。但我知道這是挑戰，不是與別人比賽，只要每天有進步就值得感恩。我勉勵他們，這次高難度挑戰不只是操練身體，也是操練敬虔，每天學習靠主得勝，「總要在言語、行為、愛心、信心、清潔上，都做信徒的榜樣」（提前四：12），這樣才不虛此行。團隊精神及向心力也因此越加提升。

為了激勵學生，我從五公里、十公里的練習都親自參與，在隊伍裡為他們加油打氣，我騎的速度較慢，落後太多時，就搭妻子開的車追上隊伍再騎，每次我都從頭參加到尾，為的是給學生做榜樣——做事要有始有終。

環島過程中，我們遭遇過二次颱風，但學生仍不畏風雨，不屈不撓地於八月三日上午十時騎回終點站——板橋地方法院門口，接受眾人的歡呼，也同時寫下臺灣體育活動上騎獨輪車環島的新頁。

這一過程也經由群和國際文化事業有限公司拍成紀錄片《飛行少年》，並得到二〇〇八年第十屆臺北電影節最佳紀錄片……等許多獎項。公共電視臺經常重播，許多學校也將其當成「生命教育」的教材，鼓勵學生要操練體魄，並學習「永不放棄」的精神。

學生們騎了獨輪車完成環臺壯舉，對未來的信心大增，過去畏於功課的壓力常輟學，做事情也有頭無尾，經過環島的磨練後，他們的觀念改變了，成功的經歷讓他們對未來產生了希望，復學率幾乎百分之百，因為他們認為環島的諸多困難都能一一克服，其他的問題便都成了小 case。

耐心和毅力一旦養成，做什麼事情就都輕而易舉了。

孩子們過去因為犯錯而踏進法庭接受法律的制裁，到後來完成環島壯舉後，不但進到法院接受頒獎，還與家人重修了彼此間的關係。許多家人來迎接他們凱旋歸來時，看到兒子努力的成果，也不禁熱淚盈眶，不僅原諒孩子過去的無知，也重拾了家庭親子間的和諧。

學園的孩子於二〇〇八年暑假獨輪再飛，送愛到綠島，以實際行動關懷偏遠地區的貧困孩童。學園的孩子大半來自破碎的家庭，多年接受各界關愛，為了實踐「施比受更有福」的教導，我們鼓勵學生儲蓄零用金，並買了三輛獨輪車，趁著暑假把車子及捐款送給綠島的小朋友們。二〇〇九年則遠征蘭嶼。之後每年選一個島，也去過小琉球、澎湖和馬祖。二〇一四年八月要挑戰金門島。

二〇一一年四月月十日，華視開播《飛行少年》電視劇，將少年學園學生的故事搬上螢幕；八月，少年學園二十位師生赴美，到舊金山金門大橋騎獨輪車，舉國旗及花蓮縣旗，兼具國民外交的實效，師生均極興奮。

我對學員們抱著很大的心願，就是把中輟生變成畢業生，畢業後再成為大學生，「將來有一天，送他們出國留學，然後返臺灣，服務社會。」

小心，陷阱！

青少年犯罪率不斷暴增，尤其是吸毒、竊盜及搶奪等觸犯刑罰法令者，專家學者雖常開會探討原因、商討對策，但時至今日問題仍在，且有變本加厲的趨勢。

少年犯罪的原因固然很多，家庭因素佔最大部分，約百分之四十二，如管教不當、夫妻失和等尤其顯著。針對後者，我特別要提醒為人父母者及青少年要「小心陷阱」，因為這個社會已經變質，到處充滿危機，若不小心掉落到罪惡的坑洞裡，那就後悔莫及了。

陷阱之1：金錢

法務部統計，受刑人不論男女老少，百分之七十五以上都因涉及「財產犯罪」被判刑，也就是說，四個受刑人中有三個都因「貪財」坐牢的。《聖經》的話一點都不錯，

「貪財是萬惡之根」（提前六：10）。人為了錢鋌而走險，不管偷、搶、賭、騙，甚至「殺」，什麼都敢做。

其實，錢財來的容易去的也容易。不法之徒弄到錢後，大都會在吃喝玩樂上花掉，「不義之財」終究會長翅膀飛去。

所以，青少年應該注意，不是你的錢一毛也不要碰。對不該得之物，應採取「三不政策」——不看、不摸、不取就對了。

陷阱之2：色情

社會上有許多不肖商人，為求發財罔顧道德，不惜犧牲人性尊嚴，印製色情或性變態畫刊、圖片等，青少年若有涉獵，影響所及可能產生性變態暴行。

美國聯邦調查局曾查訪三十六個「連續殺人犯」，發現其中二十九個（佔百分之八十一）沾過性變態書報雜誌，其中有一個從年輕時在商店看淫猥圖書而產生性幻想，以至先後姦殺了二十八個無辜的少女。

另外，也有一些店面表面上是正當營業，實際上都暗藏春色。臺灣生態研究中心就曾發現臺中市的八十九條街道上，有六百三十九家是做色情行業，也就是臺中市每五、六十個做生意的人就有一個從事色情行業。也許正確數字有待爭議，但是在大都會裡若沉迷留連，對其一生的影響至鉅。因此，青少年絕對要遠離聲色場所，勇敢拒絕不良書刊。

陷阱之3：電玩

玩賭博性的電玩只會輸不會贏，因為東家早就更改程式，包贏不賠。年輕人一旦迷上電玩，不但曠日廢時，會因輸錢且在借貸無門之下，起意偷竊甚至搶劫。

有一個青年，國中畢業後到外地就學，因常與同學打電玩，以致家裡寄來的錢輸得精光，又不好意思再向家人要，於是夥同五、六個同學去行竊，幾次成功之後膽子更大，改用搶劫；後來案發幾個同學通通入獄，他的數條罪名加起來被判了十四年徒刑。當時剛好因為未滿十八歲，否則可能被判無期徒刑或死刑，那就永無翻身的機會了。

陷阱之4：毒品

日前新進監獄的人有百分之五十二以上都是煙毒犯或吸安的。由於毒品嚴重破壞腦細胞，使腦筋渾濁不清。毒品連續吸用，其代價比精金更貴；吸毒或吸安一旦上癮，即使萬貫家產也會坐食山空。所以吸毒者為廣闢財源，極可能也去販毒。甚至毒性大發時，為了弄到毒品，作姦犯科傷害人命都在所不惜；只要能得到錢，什麼不法的勾當都敢做。所以，煙毒犯一多，受害的人會更多，社會也就永無寧日。因此毒品絕對不能碰，要知道，一次吸毒終身戒毒；一人吸毒全家受苦。吸毒百分之九十七都從吸菸開始，不吸菸就可以跟毒品說再見。

我認得一個煙毒犯，自己打海洛因多年，有一次順便也給弟弟打一針，結果弟弟就因為那一針最後竟成為植物人。所以要切記，毒品萬萬碰不得。

陷阱之5：幫派

年輕人參加幫派或被幫派利用常有三個原因。

第一，他們是「便宜貨」，年紀輕，要求不高。通常只要二、三千塊錢，打發、唆使他們去搶、去砍，竟然個個都肯幹。因此，黑社會的人就盡量吸收年輕人，甚至有的還敢到校門口去「招兵買馬」。

第二，他們有「愚忠」。大哥們粗裡粗氣出手又闊綽，好像大英雄，年輕人跟著他們風光十足，有吃有喝有夠刺激，偶而看到排場聲勢浩大，就死心塌地跟隨老大到底。

其實，黑道豈有英雄，殊不見道上兄弟劉煥榮臨槍決前那句「黑道無英雄」的警語震碎黑道大哥逞血氣之勇的美夢。

第三，他們容易「獄火重生」。一旦犯了案，因係未成年刑期短，出獄後自覺已經貼上標籤，儼然是江湖中人，所以也就無所懼怕，反而是愈關愈「大尾」。

好人難做，做壞人更難。做案後怕被抓，加上良心控告，通常幾天都會夜夜驚魂。而幫派裡也常有「窩裡反」、「黑吃黑」的現象。參加幫派，小則貽誤終生，大則一命嗚呼。聽過黑幫老大「黑牛」黃鴻寓的狠招嗎？他為非作歹搞了不少錢，也吸收了無數人跟隨他，但也作惡多端怕手下密告，常疑神疑鬼，因此有不少跟在他身邊的人都遭到就地處決的命運。《聖經》說：「不從惡人的計謀，不站罪人的道路，不坐褻慢人的座位。」（詩一：1）黑道是一條不歸路，遠遠地避開才是上策。

有鑒於這一代青少年問題的嚴重性，我以輔導青少年多年經驗提出三項建議。

一、**延長國教**：許多未成年之國中畢業生一離家，即失去父母的監督與指導，很容易就染上惡習，落入陷阱而沉淪。若延長國教到十二年，讓青少年多留在家中及自己社區裡，等心智較成熟後才外出就學、就業比較安全。美國青少年犯罪率只佔總人犯之百分之十六，我們則是百分之二十五，較為嚴重的主因是太早讓孩子離家、失去監督。

二、加強對特種營業之管理：喝酒喝到凌晨，第二天如何上班？生產力既喪失，怎有國力？以色列常打勝仗，是因為有「居安思危」的憂患意識，熱鬧的耶路撒冷至夜晚八、九時已是冷冷清清。我們國家也有憂患，為何不能嚴格管理特種營業？以早日除去「太平盛世」、「載歌載舞」的假象。

三、重建社會倫理：因為大人們財大氣粗、淫詞妄語，到處可見、可聞，青少年當然也易被污染、有樣學樣。若能全國動員，讓大人在身教言教上都能成為孩子的榜樣，自然能移風易俗。

犯罪的防治

國內、外犯罪學者幾乎都把犯罪因素歸咎於家庭、社會、學校及個人，社會大眾也普遍怪罪刑罰太輕、假釋浮濫、監獄教化不足等，這些其實都非主因，只是助因（Contributing factors）而已。

人會犯罪是心靈出了問題，這個毛病溯及到最遙遠，是從人類的祖先亞當、夏娃開始，那就是在〈創世紀〉第三章記載得很清楚的「罪性」（或稱罪根）問題。因人裡面對神的背逆，產生致命的災難，禍延子孫，這乃使徒保羅所說：「因一人（指亞當）的背逆，眾人成為罪人。」（羅五：18）所以，人自從出生的那一刻起就有罪性，這種罪性是無法消除的，而且是一代傳給一代永無停止，這就是「原罪」。人的原罪有七：即色慾（lust）、貪食（gluttony）、貪婪（greed）、懶惰（sloth）、憤怒（wrath）、妒忌（envy）、傲慢（pride）等，稱「七宗罪」（seven deadly sins，天主教譯為「七罪宗」），原罪的存在將人類和上帝隔絕，使人類終生受苦，不得解脫。

反言之，若亞當不犯罪，人就無罪性，無罪性就不會有罪行。人的心靈裡先有「罪性」，遇到外在的「罪因」（如不良環境），即如乾柴碰到烈火，一發不可收拾，就會演變成「罪行」。

人的罪性會使人犯罪，有時不但自己行，也喜歡別人跟著去行。罪有感染性、復甦性，就如雜草愈長愈旺，割除之後看似無影，但「斬草不除根，春風吹又生」，這罪性裡有肉體的情慾、眼目的情慾及今生的驕傲，若不是藉著「重生」以拔除罪性的根，就會常有「立志為善由得我，只是行出來由不得我」（羅七：18）的無奈感。

人的罪性使人犯罪。人也「愛」犯罪，犯了罪且會沾沾自喜，以為有「成就感」，故獄中人常會「暢談往事」。有些受刑人根本不想改，白案的主嫌林春生就是典型的例子，家人來監獄會面時，他告訴家人說：「我五、六年後會再進來（監獄）。」還未出監獄就知道自己會回來，因為他不想改。不但不想改，「還喜歡別人一起去行。」（羅一：32）這是人的罪性作祟，只要還有根便「春風吹又生」。人的罪性中一股巨大無比的慾望——貪慾，是所有罪惡的苗圃，也是一切刑案的導火線。《聖經》上說：「貪財是萬惡之根。」（提前六：10），誠屬不虛。

罪如影隨形，你不殺死罪，罪就追上你，殺死你。

犯罪學自從一八七六年義大利醫師、犯罪學鼻祖龍布羅梭（Cesare Lombroso，1835-1909）出版《犯罪者論》（*L'Uomo Delinquente*）一書，正式成為一門科學以來，論著汗牛充棟，但犯罪案件仍層出不窮，不減反增，足見犯罪學者對犯罪的原因把脈不夠準確。犯罪主因是人有「罪性」，也就是心靈出了毛病，這點少有犯罪學者注意到。

一般犯罪學者所提的犯罪成因，如家庭、社會、學校及個人因素都不無道理，甚至社會大眾所責怪的刑罰太輕、假釋浮濫、監獄教化不足等也都有理，但是，這些僅是助因，推波助瀾的力量而已。當然，主因加上助因，犯罪就如火上添油，愈演愈烈。這些助因，我分述如下：

1. 家庭因素：從小父母管教不當，或太過嚴苛，或過於放任、冷漠、虐待、詛咒，甚或期望過高，均易使子女身心受創。美國犯罪學者希利及布爾納（Hesly & Bronner）研究芝加哥及波士頓的犯罪少年時，發現四千名少年犯中約有百分之四十的青少年認為雙親未給予適切的管教，且雙親對這些少年均具有拒絕與剝奪關愛的傾向。

白曉燕案的陳進興應是家庭有問題的典型個案。他自幼不知生父為誰，母親嫁人後他與阿嬤一起生活，在缺乏生身父母的關愛下，從小不愛讀書，輟學後進出少年輔育院及成人監獄三次，前後坐牢長達十七年之久。

家庭破碎、父母不睦、親子關係不良、父母過度忙碌，都是導致少年偏差行為的原因。即使形式上完整，如果雙親不和諧、常爭吵、彼此不合，也無法保證兒女不出問題。

再者，犯罪家庭或有非法（犯法）傾向的家庭對子女的影響也極大。英國少年犯罪學者巴特（Bart）發現，從不道德或犯罪家庭出來的少年犯，比來自無犯罪紀錄的家庭多出五倍，毆打妻子的遺傳性也高佔六成五之多。我在獄中曾見過「兩代同堂」的受刑人，也聽過受刑人說他們祖孫三代先後都因黑道背景坐過牢。另外，暴力家庭的遺傳性也很高，父親毆打母親，兒子將來毆打太太的約有六成五的機率。綜上所述，問題家庭實際上是製造犯罪的溫床。

2. 社會因素：公權力失靈、黑道勢力坐大、社會環境不良、貪污腐化、官商勾結、爭功諉過的社會風氣興旺，不正當的休閒娛樂場所過多，媒體及不良書刊均深深影響犯罪的手段與內容。

社會風氣差是治安敗壞的幫兇。現今社會「笑貧不笑娼」、拜金主義盛行，個人為利枉顧道義、爭功諉過，在這種大環境的衝擊下，原本安分守己的人在終日面對負面社會教育的情況下，亦如牆頭草般向世俗靠攏，以至同流合污、盲目追逐看得見的享受，有的更因急功好利想一夜致富，故鋌而走險犯下重案。

一旦被抓進監牢，因現行監獄行刑政策偏重作業，忽略教化，導致坐牢形同上班。一般受刑人在獄中，一天工作五、六個小時，但接受教化時間三個月還不一定有一個小時，教化與工作時數相距懸殊，受刑人的犯罪心理逐日根深柢固，出獄後由小惡變大惡。且因在獄中動慣腦筋，做案技巧日新月異，常能躲過警察耳目，久而久之組織擴大、有恃無恐。白曉燕被綁票，贖金五百萬美元是漫天價碼，皆因做案屢次「成功」，異想天開，自信「天衣無縫」（白案的擄人計畫，嫌犯稱之為「天衣計畫」），想一票幹成終生富貴，皆因監獄缺乏教化造成的惡。

黑道分子更吸收國、高中生為成員，盼政府拿出魄力，採取鐵腕措施取締，否則，後患無窮。

3. 心理因素：有些犯罪者生性頑劣，適應力低，易衝動，具敵意，疑心、自卑、冷漠、孤僻、自我中心、缺乏責任感，由於自制力弱情緒易波動、精神異常，加上反抗權威的念頭作祟，很容易產生破壞社會秩序的行動。

4. 學校因素：因功課不好，人際關係差，或因調適不良，曠課、逃學，升學壓力過重，甚或學校未盡到與家長溝通的職責，以及處理學生問題不當，也易引發學生輟學或校園暴力、勒索事件及校外偏差行為。

5.個人因素：有些個人的生理缺陷會使人退化到犯罪的生活模式。另有學者認為「鬥士」型的人喜歡冒險，如無適度發洩精力，較易產生攻擊性行為。而腦部長瘤或受傷壓迫到神經也會產生暴戾乖張行為。低血糖患者易怒，內分泌異常、缺乏維生素也會產生浮躁不安。甚至身體有殘障者，也會有自殘或殘他的行為。

在思考治安改善之際，犯罪學者認為「既然犯罪需有三要素：有能力的犯罪者、合適的犯罪目標及抑制犯罪者（如警察）不在場，故考慮建議政府從「減少犯罪者」、「增加犯罪目標的防禦力」及「增加犯罪抑制者在場」三項目標著手。只是，人性不改，就是所有犯罪者都抓去坐牢，還是有一大堆「小罪人」會前仆後繼步其後塵。

犯罪的治本之道在「釜底抽薪」——把人的犯罪本性除去。犯罪本性要除去，先得「重生」，因「凡從神生的，就不犯罪。」（約一：9）一個真正悔改，接受基督寶血潔淨的人不會想犯罪，偶而犯罪也是少之又少，因為神的道存在他裡面，他已經得到了一個新生命，成為新造的人。更生團契輔導過無數的受刑人，皆因經過「重生」而不再犯罪。

在治標方面，則需重建家庭，以愛管教兒女、多陪兒女，兩者不可或缺；而延長國民教育、加強德育，應有助於改善治安。

又司法的革新、速審速決、法官的任用及量刑等都攸關再犯率。美國德州的「震撼緩刑」（Shock Probation）效果奇佳，可以採用。所謂「震撼」，就是先判決入獄三、四個月，讓受刑人嘗嘗鐵窗的滋味，受失去自由的震撼後，再予以緩刑。通常受刑人都有「監獄如地獄」的感受，因此，在緩刑期間就會戰戰兢兢，深恐再犯入獄，且會認真工作，以便償還被害人的損失。

臺灣的治安要好，絕非靠少數人努力就能完成。主耶穌再來之前，全世界必定會有亂象，只是我們仍有應盡的責任，大家一起努力傳福音、迫切向神禱告，才能看到神的憐憫臨到我們的家園。

教會確實可以防治犯罪，因為教會講愛；有愛，人就會自愛，並且不會去加害於別人。所以，教會應致力如下三個工作。

1.道成肉身：領受主基督為救主的人，理應接受「大使命」的託付，把福音傳給更多的人。肉身既已得「道」，不宜佔為己有，宜「白白得來，白白捨去」，讓道化肉身，如同耶穌基督，進入最需要的人中間，去關懷每一個靈魂，幫助他們認識主，從黑暗的角落裡走出來，引到平安、光明的路上。如果每一個基督徒都成為福音使者，基督十字架上的愛成為每一位接受者的心靈禮物，人在愛中就不再空虛，不但懂得愛也懂得愛別人，成為罪犯、危害社會的機率就少之又少了。

2.社會教育：教會不能關起門等著人來敲門，應盡力參與社會活動，甚至主動舉辦社區活動，伺機教育社會大眾。平心而論，社會大眾與基督徒的價值觀相差懸殊，他們對子女的教育也不盡如基督徒是以愛為出發點——教導兒女要愛人如己。因此在所處的社區裡，教會有責任把周遭的一群人看成自己的生命共同體。教會的人即使不犯罪，但社會上有人犯罪，教會一樣會受害。

教會宜深入社區，藉接觸、溝通及參與活動，讓新生命感召舊生命，幫助並影響他們建立正確的人生觀、價值觀，及對子女應負的責任，好讓社會上普遍看重物欲的不良風尚習俗，能日漸改善，進而心靈淨化，以達防範犯罪的效果。社區裡若有人不幸犯罪坐牢，教會更應伸出援手，關懷受刑人的家屬，主動與更生團契入獄探望，若行有餘力，也應對受害人及其家屬表示同情，協助療傷。

3.家庭協談：既然受刑人大都出自問題家庭，教會的夫妻團契或婦女會應藉所學的經驗對問題家庭展開協談。當然，有問題的家庭未必主動來教會尋求協助，但教會可先對較弱勢的女性予以關懷，她若能接受，再進入她們家中做兩性輔導。一般家庭遇有風波，畏於「家醜外揚」而不敢聲張，其實此時的女性是心靈最孤單、柔軟的片刻，她們對別人的真誠關心通常都是求之不得，教會若能掌握契機，在社區尋訪福音朋友之際，不妨也適時了解其夫妻間的關係，若能及時救援，必能化解許多家庭的危機，也能扭轉正面臨家庭解體、父母失和，或即將受害的子女所要面對的悲慘命運。

犯罪是多方面的原因促成，藉各方面的努力共同消滅犯罪，是天經地義的事。在政府的預防與矯正犯罪政策未完全發揮功能之前，眼睜睜地看著人走進犯罪漩渦、前仆後繼，基督教會除扼腕嘆息之外，最合神心意也最能盡國民一己責任的作法是傳福音及伸出愛的雙手。藉廣傳福音，使人重生不犯罪，因「凡從神生的，就不犯罪。」（約一：3～9）另外，也當主動付出關懷，用愛去拉犯罪邊緣人一把。

教會是一股活水，活水流到哪裡，哪裡就得潔淨，並滋生生命，但願普世教會的基督徒都能在嘗到甘泉的滋味後廣而分享，讓社會那股肅殺之氣、官商勾結的歪風、黑道猖狂坐大的怪現象，都能因基督信仰展現如鹽、如光的生命力，發揮消毒、殺菌、驅逐黑暗的功能，把臺灣帶到一個更合神心意的樂土。

第三部

當孩子的心靈捕手

1. 花時間陪伴

要孩子不壞，第一個條件為「花時間陪伴」。父母過度忙碌疏於和孩子相處，是導致少年偏差行為的原因之一。

美國哈佛大學社會學家魯克（Shaldon Glueck）夫婦倡導「六歲定終生」。他們認為孩子在六歲以前如有下述四個條件，一輩子不會變壞。

一是媽媽白天要陪他，

二是爸爸要有公正並嚴格的管教，

三是父母相愛並愛子女，

四是全家常有親子活動。

我輔導受刑人二十幾年，探究犯罪的成因，幾乎都是家庭問題。其實，若孩子一出生，父母肯花時間陪伴、給予好榜樣讓他們觀看、給予機會磨練，我相信他們都可以不必坐牢，如果再加上基督的信仰，到老也不會偏離正道。

全家人要常在一起。很多父母將孩子丟給另一半、丟給祖父母、丟給安親班、丟給學校，最糟的是丟給電視、電腦與線上遊戲。等孩子犯了錯再來責打與懊悔，但結果往往是孩子小錯變大錯，大錯變滔天大錯。尤其，現在的社會比起以往是更加倍的歪曲悖謬，每天一打開電腦，電子信箱裡總是充斥著各種淫穢的廣告信，有些人也難掩好奇打開瀏覽，一看就難以自拔。至於其他現實與網路世界裡，各種誘惑更多。

多花點時間陪子女，特別是在青春期的青少年。美國一項問卷調查報告，青少年認為「幸福家庭」構成的主要條件是「doing thing together」。現今的父母，大多數太忙碌，沒有時間陪小孩。更生團契調查過少年監獄裡的三百個個案，發現其中有百分之五十六是忙碌的工人或商人子弟。理由很簡單，孩子在沒有大人陪同的環境下，很容易出事。

家好，犯罪就少！

法務部的犯罪統計資料顯示，青少年犯罪的成因歸咎於家庭因素者，比起社會因素所造成的高出許多。所以，故總統蔣經國先生曾說：「沒有問題青少年，只有問題家庭。」

「他山之石，可以攻錯」。美國的「問題家庭」之所以多是黑人，係因黑奴制度留下的遺毒，男人生養兒女後，不負家庭責任，兒女因缺乏父親管教及父性榜樣，從小搶劫、暴力、販毒是常事，「受害者成為加害者」。黑人雖為美國少數民族、佔全國人口的百分之十三，但坐牢的人為白人的六倍。

國內男人事業心重，有的還有大男人心態、性格暴烈，若應酬多陪家人時間少，恐怕會引起家庭風波，導致夫妻失和或離異，自己兒女若成為「受害者」，將來極有可能也成為「加害者」。

我常在想，為什麼有那麼多怨偶？那麼多青少年犯？有沒有解決或預防家庭出問題的方法？

有！《聖經》說：「愛永不失敗。」（Love never fails.）愛能遮蓋過錯療傷止痛，為人父母的若能彼此相愛，並多給孩子時間陪著他們一起成長，家隨時可以變得像天堂。

所以，我們一家四口常找機會一起玩遊戲，那些遊戲都是美式的，例如 Connect

Four、Battle Ship、Monopoly 都很有趣。我最喜歡的一種叫 Trouble，四個人圍著桌子，競爭激烈緊張刺激。最後不管誰贏大家都會笑成一團，這也是天倫樂。

我們家二個小孩，一屬兔、一屬牛，個性不同。大人是猴配雞，個性也不同。一家二男二女四種性格，難免偶爾有意見相左、互不相讓的場面。尤其外出旅遊，這個要吃漢堡、那個要吃炸雞，衝突中只能妥協問題才得以解決。於是「剪刀、石頭、布」，誰輸了誰就不得吭聲，這招算是我們黃氏治家的法寶。

猜拳玩慣了，連謝飯禱告由誰也同樣一招。只是，為了不讓輸的人誤以為禱告是「懲罰」，我們的規則是「誰贏誰禱告」，讓禱告變成一項榮譽。當四個人四隻手同時伸出，幾番「剪刀、石頭、布！」勝負便告分曉。輸的人鬆了一口氣，贏的人雖有「得勝者」的喜悅卻不輕鬆，得勉強扛起責任來為全家人祈福。

女兒的同學來作客時，看到我們全家人不但同桌吃晚餐，飯後還會在客廳聊天，很是羨慕，她對女兒說：「妳跟你媽好像有說不完的話，我跟我媽都無話可說。」其實大人都太忙，沒有時間給孩子，所以彼此才會溝通不良。

兒子學校的老師曾把班上的一位女生交給我們輔導，要她下課後跟著兒子回家，寫完作業再走。那女孩與阿嬤一起住，阿嬤不管事又不識字，無法督導。她寫完作業後有時也會留下來跟我們吃晚飯，家裡多了個人也熱鬧了許多。只是，同樣是孩子，有的有人關心，有的回家後看不到父母，真是情何以堪。

我們也常帶著孩子去探望教會的會友，孩子每到人家家裡，碰到有害羞的小孩不敢出來見人的，他們都會主動跑進去臥室找小朋友玩。從小他們見慣了人，就比較能拉近與人之間的距離。

一家人除了女兒外，都是六月生。女兒自認「生不逢時」，以致無法跟我們一起慶生為憾。但她都會為我們三個壽星畫海報、掛氣球，並寫生日卡祝賀。暑假時，夫妻倆偶爾出遠門一、二天，看家照顧弟弟的是她。每次我們回到家，都會因大門口貼著「Welcome Home」的大字報驚喜，而屋子裡一塵不染，餐桌上擺置鮮花，主臥房床單換新，更叫我們覺得愛已得到了回報。

二個孩子跟媽媽的互動很多，小的常會依偎在妻的懷裡，安安靜靜地讓媽媽清耳屎。女兒除了愛跟媽媽彈琴、唱歌外，也常幫她搥背、按摩，甚至她愛媽媽更年輕，也常在妻的髮堆中找白髮，細細地予以拔除。

兒子國中時，為了學校的儀容檢查，一個月要剪髮一次，看到妻幫我理髮外還要剪兒子的，太辛苦了，於是我自告奮勇擔起兒子理髮師的工作。頭一次剪兒子的反應還好，他的同學也說「還不錯」，後來我信心愈大技術愈好，他要我剪什麼髮型，幾乎只要我花上半個小時都能「包君滿意」。

家庭教育之所以重要就是讓孩子活在真實世界中，而不是躲在虛擬的網路世界裡，在真實的世界多少受到人情冷暖的磨練，對於挫敗也就比較能淡然處之。因此，要孩子不壞就要「肯犧牲自己」；有付出的愛才是真愛，少應酬少看電視，為著兒女能在這變亂不安的社會可以正常成長，他們需要父母很多的呵護。

父母的付出會有回報的。

社會風氣不良，試著每天下班後不去應酬，多留時間給兒女，晚上回家吃晚飯，多在家陪孩子寫作業、談談心，會給兒女帶來幸福感、安全感。

2. 樹立好榜樣

要孩子不壞，第二個條件為「樹立好榜樣」。

除了言教，身教尤其重要，父母要孩子不抽菸、不喝酒、不口出髒話，自己當然應有好榜樣。榜樣加上祝福，是給兒女最大的產業。

所謂「天下無不是的父母」並不正確，父母有的好有的壞，這是事實。尤其是父親，身為一家之主，理應成為孩子的榜樣或偶像。相反的，如果自己不自愛，愛抽菸、喝酒、賭博，甚至吸毒、搞婚外情、不顧家庭，又對妻子兒女拳打腳踢，常久處在這種家庭中的孩子，不蹺課蹺家去當浪子才怪。

看少年學園的孩子在父親節寫下的心聲與感受，便可看出少年犯罪形成的端倪。孩子們經歷的心酸、恐懼及血淚的控訴，都足以叫失職的父親汗顏、羞慚、無地自容。

例如，

爸爸，對不起，小時候，我常跟人家鬼混，不回家。你有時會問我為什麼逃家，我都不敢告訴您，我逃家的原因是……您以前常在外面喝很多酒，一回家就打我們和媽媽，所以我常跟哥哥、姊姊逃家，因為我們覺得我們的家不溫暖。我很難過，為什麼我有這樣的爸爸呢？

又例如，

從小對您就沒有很深的感情，只覺得您是一個非常暴力的人，因為您一直對媽媽動粗，所以……我恨您。

兒女一旦長成，讀了高中，該懂的道理都懂了，這時，父母能給孩子的就是一個完整的家，以及以身作則的好榜樣。

寄語天下父母，為人要正派，生活要有榜樣。若曾經犯過錯又不顧家，就要徹底覺悟，真心悔改，後代才會走上正路。

3. 多鼓勵，少責備

要孩子不壞，第三個條件為「多鼓勵，少責備」。

孩子們的上進心可以從正面的話語獲得提升，積極、有造就的話語是兒女的祝福，對兒女的辱罵、攻擊是在打擊他們的志氣。鼓勵他們的話如「金蘋果落在銀網裡」，美得無比，令人心喜；過於嘮叨只會讓孩子厭煩，激起他們的反感。鼓勵能帶給孩子做人做事的信心，也會為他們日後心智的成長奠定穩固的基礎。

不必過度苛求兒女的學業，他考九十九分，可以鼓勵；罵他為什麼不能考一百分是「暴君」。

少年學園學生小煜的〈打工經驗談〉寫道：

在許多不開心、不愉快的事上，我感到最欣慰的就是我的老闆娘沒有罵我，只是叮嚀我去完成該完成的事情——像我偶爾忘了該把物品歸位。愉快的事情總是被我深記在腦中，像有的客人總是會說謝謝，或是和老闆娘說你請的年輕人怎麼那麼認真，我聽到這些讚美的話語時，真的很有成就感。自己的付出與表現受到認同，不單單是老闆娘肯定我們，客人也讚賞我們，讓自己越做越有信心，相信自己會更好而更努力。

由此可知鼓勵和讚美給他多大的肯定和成就感。

須知，犯罪的人通常有「感情淡薄」的特質，因其從小嚴重缺乏愛，常會六親不認，不重親情、友情、愛情，甚至會無所顧忌率性而為、目中無人。因此，千萬別把祝福變得望塵莫及，好多父母常犯一個毛病，會說：「嗯！做得不錯；不過，能再努力一點就更好了。」一面說「你做得很好」，另一面又扯後腿地說「要是這樣或那樣就會更好了」，言下之意，豈不是說「你做得還不夠好」。那不算祝福，倒像是頒他獎品時又訓他一頓，那滋味教人難以消受。

好萊塢影星寇克道格拉斯（Kirk Douglas）年輕時得不到賣酒矸的父親的愛，他說：「一生欠缺父親的祝福，是我心頭永遠的痛。」沒有被接納與肯定，孩子不是到感化院、監獄，就是內心一輩子傷痛。他到七十五歲高齡時還淚流滿面地說：「他沒有祝福過我，從來沒有。」

在少年觀護所裡，有一個孩子講話舌頭會打結，過去常被爸爸拳打腳踢。當我與他談起爸爸時，他口齒不清，我有聽沒有懂，乾脆拿筆請他寫出來。他邊寫邊畫，畫中的媽媽年輕漂亮，爸爸則是滿臉鬍腮長相蠻橫，令我驚訝的是爸爸的腦袋瓜旁多了一支手槍瞄準著他。

我問道：「是不是恨爸爸？」

他點點頭。

「我們不要槍斃他好不好？」他看看我，又點點頭。

「你就畫爸爸到十字架面前，向耶穌下跪、認罪，請祂原諒好不好？」

他說：「好！」抬頭望我一望，繼續低頭完成他的畫作。

是誰那麼狠心把孩子推向犯罪的邊緣？又有誰有愛心願意伸手拯救他們？為人父母的應彼此相愛，有責任把兒女養大，讓他們看到好榜樣，而能奉公守法正派做人。萬一孩子一時走偏，別太早放棄，多一點愛、多一點耐心，就能預防犯罪，化莠為良，使浪子回頭。

在愛的環境中長大的孩子，要教他們犯罪，很難。

小 John 沒有見過親生父親，與同母異父的哥哥在少年學園住了約二年，剛來時常悶悶不樂；現在不同了，笑口常開，態度友善。有一次在學園上課，老師講「愛」的意義，他聽了很有感觸，因自幼渴慕被愛，卻不知愛從何處來。第二天早晨，他在園區掃地，正準備用畚斗把垃圾掃進去，低頭一瞧，怎麼垃圾被他掃成一個可愛的「心」形？到了中午，大夥在餐廳吃排骨便當，吃到一半，低頭一看，怎麼那塊豬排也被他咬成一個漂亮的「心」形？他心裡很疑惑，是自己看走眼，還是上帝特別眷顧他，要告訴他，只要心裡有愛，便可以處處看到愛？

因著那二次經歷，再加上他內心渴慕被愛，所以常會找老師協談，也學習正常過生活，便漸漸從上帝和人身上得到了滿足。

最近，每次見到他，我都會問：「Are you happy?」

他都會回答：「Happy!」

如果一陣子沒問他，他反會問我：「Happy?」

又，二〇〇八年，少年學園的一個學生小倫的〈最難忘的一首歌〉寫道：

我第一首學會的歌是〈愛的真諦〉。

這首歌的意思是愛是永不止息、愛是恆久忍耐又有恩慈、愛是盼望，因為是第一首學會的歌所以很難忘，旋律非常優美，做詞的人一定感受到無比的愛。歌詞的意義，就像是從小沒有被愛過的我，來到學園才深深體會到甚麼是愛，學園老師教我唱〈愛的真諦〉這首歌時，我就哭了，現在我知道怎麼樣去愛人了呵！在學校，我想推薦這一首歌，沒被愛的人聽到一定也會哭的。在音樂課中也常常出現這一首歌，很好聽，這是我最難忘的一首歌──〈愛的真諦〉。

心理學家說，小孩一天至少需要被擁抱四次，八次更好，能夠有十二次，情緒一定能穩定成長。沒有被愛的人，情緒容易失控。

人人都需要被愛，被愛的孩子不會加害於別人。

華人不善於表達愛，一向「愛在心裡口難開」，一個沒有愛的家像地獄，人吝於表達愛，社會怎麼會有溫馨？請勇於表達你的愛，並多為兒女祝福。

4. 提供受教育的機會

要孩子不壞，第四個條件為「提供受教育的機會」。

教育可以改變氣質，多讀書就少犯罪！按警政署統計，入獄者約有五成是中輟生；犯罪人口中，國中教育程度佔百分之四十七。而受刑人最深的嘆息是過去沒有認真讀書。

因此，我在受邀到各中、小學講演之餘，也不忘告訴學子要認真讀書，繼續升學，千萬不要遇到挫折就輟學，像陳進興一樣輕易輟學，最後才後悔沒有好好讀書。

也常勸年輕的受刑人要再好好讀點書。輔導的個案中有一位參加中原大學甄試，還考上企管系榜首，令我們很覺得欣慰。

除了提供受教育的機會，在消極面還要預防孩子輟學。

如何預防孩子輟學？

一九九八年，為了了解「輟學」與「犯罪」的關係，我設計了一份問卷，走訪臺北看守所，請受刑人填寫，其中有幾位是我親自輔導的個案。回收的五十四份問卷中有二十七位是死刑犯、二十四位無期徒刑，有期徒刑的僅三位。

在這五十四個個案中有四十一位（占百分之七十六）認為輟學與犯罪確實有關係，有二十二位（占百分之四十一）曾輟學，其中十八位（占百分之八十一）是在國中時輟學。

輟學的原因，依先後次序分別為不愛讀書、家庭失和，以及自己不學好等。

一是不愛讀書。陳進興就是這樣的個案。他上國中第一天，領了課本後看到ABC，心裡就開始排斥，從此未再進校園一步，倒是在少年輔育院接受感化期間有老師教他讀書、寫字；長大後在監獄自己看書，前後在獄中十七年學了一些，文筆不遜於高中生。他從起初不愛讀書，後來變成又讀書又寫字，原因是有人督導。但陳進興未見過生父，母親改嫁後與祖母同住，但祖母管不住他。當時如果有人好好督促，情形可能不一樣。

二是問題家庭。訪談的個案姓盧，一九六五年生。從小在眷村長大，國中時原本名列前茅，後因父母離異而搬家，換到另一所國中，由於母親不在身旁，父親工作忙碌，家中經濟有困難，放學後去上夜班打工貼補家用。因為功課沒準備，考試不理想，被編到「放牛班」，老師從此對他不聞不問。國三畢業前，因與同學打架被學校開除。之後成了監獄的常客，酗酒、打架、竊盜，進進出出監獄七、八趟之多，他一生的遺憾是沒有拿到國中畢業證書。

三是自己不學好。例如交友不慎、沉迷電玩。個案姓吳，一九七一年生，雖有父母，但個性較為偏激。國一時騎單車被卡車撞傷，住院一個月期間，母親忙於照顧恰好也在生病的父親，分身乏術，他幼小的心靈受到傷害，覺得沒有被愛，便常情緒失控、打架鬧事。國中讀了三所勉強畢業，高職則輟學、復學，反反覆覆多次，光是高一就讀了三年之久。如今回想起來，都怪自己不學好。

另外，也有少數認為被同學欺負、勒索，不敢面對的，或打架被學校開除的，甚至有怪罪老師偏袒有錢補習的學生，以及功課太重造成壓力因而不想讀書的。

如何預防孩子輟學？受刑人針對這個問題列出幾個要點，應為實際又可行，因他們曾受輟學之苦，可說是「久病自然成良醫」。

一是健全家庭結構。

1.家庭經濟狀況較差的，政府應予補助，以免學生繳不起學費，或為幫忙家計輟學。一九七〇年代以前出生的，因為沒有錢參加補習，被老師冷落，以至不想讀書的例子不少。

2.父母應身教重於言教，遇兒女交到壞朋友時，少用嚴厲口吻指責。

3.不要拿自己的兒女與別人比，在比較之下，成績不好的易於自暴自棄。

4.父母彼此應和睦，力求建立美滿的家庭，讓孩子愛家，不想翹家，不翹家就比較不會翹課。

5.多陪兒女建立良好的親子關係，較易於了解兒女在外的行為。

6.少讓他們看電視，多給他們看好書，養成愛讀書的習慣，當然就少輟學。

另者，臺灣很需要類似美國的Promise Keepers（守約者機構）舉辦活動並到處呼籲做父親的要「愛家」，因臺灣的男人太忙碌，婚外情也多，若能重視一夫一妻的倫理，家庭根基穩固，兒女應該都會正常就學。

二是學校重視愛的教育。

1.定期舉行班級家長會，與家長及學生多溝通，促進三邊的良性互動。

2.有教無類，不歧視或排斥問題學生。

3.改善教學方式，不要太過刻板，多些戶外教學，培養學生學習興趣，讓學生覺得讀書是件快樂的事。

4.提升老師的素質與涵養，以身作則，做學生的益友，多支持少打擊，以鼓勵代替體罰，用愛心多包容。

5.加強心理輔導，注意學生的違常行為，並適時予以開導。導師平常應多提示正確的人生觀與價值觀。

6.老師主動與學生交談，一通電話、一聲問候皆能打動人心，對逃學的學生尤應深入家庭了解。

7.增加輔導老師名額，讓學生求助有門。輔導最好是男對男、女對女，比較自然，內心世界較易敞開。

8.加強學校內外巡邏，減少學生被勒索或欺負的機會，讓學生上學有免於恐懼的自由。

據統計，臺灣失學的國中生已達十四萬人，這是個龐大的數目，如不好好亡羊補牢，國家、社會恐怕要付出更大的成本。給予職業訓練或鼓勵他們上補校或中途學校，如美國的「成人學校」不失為上策。

不可否認的，教育也有侷限，單靠教育本身無法根治人類犯罪的問題，相反的，有時教育程度愈高，犯罪的手段愈高明、更凶殘，其影響力也可能更深遠、更廣泛。要人不犯罪，根本的方法是心靈的純化。基督的信仰剛好就是純化心靈最好的一帖良藥，因為「凡從神生的，就不犯罪」，只要誠心接受基督為主，重生得救，成為新造的人，不管過去失學與否，有聖靈幫助，就可以遠離犯罪漩渦不會犯罪。

5. 給予磨練的機緣

要孩子不壞，第五個條件為「給予磨練的機緣」。父母應從小就給孩子磨練，讓他吃點苦頭，嘗嘗失敗的滋味。

小時候，我常於課餘下田幫忙種稻，插秧、除草、施肥、收割，我都懂。我還養過雞，白天把雞從雞舍裡放出來。我偶爾還會幫二叔趕羊，因為溪湖一帶水草豐足，氣候適宜，所以養羊人家很多。可是羊很笨又硬頸，常為了拉羊前行，任憑怎麼使盡力氣，牠們都會雙腳僵直，矗立於地，不走就是不走。

高中時，我起了想賺錢的念頭，暑假一到即幫郵差送信，並與堂哥黃明凱、黃明旋用腳踏車載滿鵝黃色、又名「鹽水月芭樂」的中山月芭樂到鹿港廟邊的市場叫賣，很快就賣完了，然後吃點麵再回來。當手上有一大把鈔票時，心中的喜樂真難以言喻。

少年學園這些曾被社會和家庭遺棄的孩子個性都較為孤僻，沒有自信心，做事情都提不起勁，一副無所謂的樣子，為了建立孩子們的信心，並體會成功經驗，我們開始教導他們騎獨輪車。

騎獨輪車對身體有很多益處，也是磨練心性最好的工具。時下的年輕人很容易有挫敗感，做事情常半途而廢。獨輪車訓練他們跌倒了再站起來的信心毅力與勇氣。

日本過去很多「草莓族」，後來政府推動小學生騎獨輪車後，經過二十年，草莓族已經消失。台灣近年來小孩生得少，父母怕小孩受苦，不肯讓他們接受挑戰。所以有些去當兵時受不了折磨，逃兵或自殺都有。

連很難考上的警察大學，過去學生什麼苦都能吃，現在因在家中養尊處優，儼然像「飼料雞」，受不了基本體能訓練，也退學了。

我偶爾聽到一些媽媽說：「我們上一代已經很苦了，不能再讓下一代受苦。」於是什麼都滿足孩子的需求，他們不想洗衣服就幫他們洗，不想做家事就由老媽來做。從年幼什麼都滿足，寵壞他們的劣根性，就什麼都不知滿足。過度保護如同養寵物，若有一天籠子的小鳥飛出去，牠因不知何處覓食，一定餓死。

美國的麥克阿瑟將軍有一篇出名為兒子的禱告詞：

「神啊！不要讓他走上安逸舒適之途，要將他置於壓力、艱難和挑戰的磨練中，讓他學習在風暴中挺身站立，也學會憐恤那些失敗跌倒的人，……」苦難能造就性格，麥克阿瑟將軍就是這樣被西點軍校磨出來的名將。

很可惜，我們去國中教獨輪車時，老師們贊同學生學，倒是家長擔心孩子受傷反對。其實，獨輪車很輕，速度也騎得不快，就算跌倒也只是擦破皮，絕不會大傷。如果怕破皮，就用「護肘」、「護膝」，絕對沒問題。

當然，人性普遍是好逸惡勞，騎獨輪車的孩子也非個個願意。但適時地給他們一個「動機」，要成功很簡單。

比方說，我告訴他們，只要你能騎二十公尺，我就帶你去吃牛排。學生喜歡牛排，動機啟動腎線上素，一邊騎一邊喊：「牛排！牛排！」真的很厲害，原本只會騎十五公尺，一下子衝到二十公尺。牛排的力量很大。

天生我材必有用，雖然有些人學習能力較弱，但人總有潛能，藉由鼓勵，把潛能揮發得淋漓盡致，也不無可能。給他們一個目標，加上孩子們自己的努力，就會激發動力，完成使命。

在花蓮信望愛少年學園不只是個個會騎獨輪車，籃球也打得不錯，我常拿林書豪的故事鼓勵他們。他們平常也會為了比賽，自我磨練。最後終於可以在「三對三鬥牛賽」

中取得冠軍，甚至也在全台六十六對的「鐵人三項」比賽中捧著冠軍杯回來。古云：「天將降大任於是人也，必先苦其心志，勞其筋骨，餓其體膚，空乏其身，行拂亂其所為，所以動心忍性，曾益其所不能」誠屬不虛。

玉不琢不成器，父母親都應懂得，吃得苦中苦，方為人上人，也應這樣教導自己的孩子。

像我們更生團契附設在桃園的少年之家，在取得司法院補助的幾把薩克斯風後，成立「大改樂團」（大改即大大改變舊生命）每天練，也請專人指導，練到能到各處去表演。二〇一三年我還帶他們一群人共二十位，到美國洛杉磯、聖地牙哥及休士頓等地做了十幾場的表演。

他們不但能彈能唱也能說，把過去如何浪蕩不拘，現在如何浴火重生的過程，講得讓台下的人都為他們過去所遭遇到的一切，感動到潸然淚下。

沒有汗水，就沒有感動的淚水；沒有磨，哪有針？苦難是化妝的祝福，現代的父母一定要讓孩子受些磨練。過度保護，孩子變成「媽寶」，反而有害。

「鼎為鍊銀，爐為鍊金。」經過一番煎熬，孩子們的未來才有精金一樣的輝煌。

6. 幫助孩子培養一技之長

培養專長是預防孩子走錯路的第一步，因此，要孩子不壞，第六個條件為「讓孩子有一技之長」。

我在警官學校讀書時就學會二胡。由於趙龍文校長對中華文化情有獨鍾，除了每個禮拜親自教導「四書」外，還規定學生個個都得學一種國樂樂器。當時我選二胡，因為早在彰化鄉下常看父親拉二胡，我自小耳濡目染。學校聘請國樂老師來授課，每個禮拜一次，我因此學會二胡，由於練過一些名曲，如〈春江花月夜〉、〈花好月圓〉……等，熟能生巧；那時臺視剛開播，「蜀中無大將，廖化做先鋒」，我們國樂隊竟然登上螢光幕。

去美國讀書前，教育部鼓勵留學生宣揚國粹，我就帶了一把二胡去，在國際學生晚會上秀過一、二次，後來讀書、工作兩忙，二胡放在哪裡或給了誰都給忘了。

在少年學園內，我們也教導他們學得一技之長，如電腦、美語、園藝、吉他等，讓他們在離開學園後能回饋社會、造福人群。

尤其現代的社會，就業競爭激烈，沒有兩把刷子，很難找到好工作。因此，在學園每年都會舉辦一些比賽，例如：母親節辦「演講比賽」。五十個學生每人都要參加，只要講三分鐘就好，為的是訓練他們將來找工作要面試時，懂得介紹自己有什麼專長、優點。如果連話都說不出口，或因膽怯講不清楚，就很難被老闆雇用。舉辦九屆後，學生們出口成章，膽量增加，台風和咬字都有進步。

在感恩節我們也舉辦「歌唱比賽」，學員有百分之六十以上都是原住民，精於唱歌跳舞，因此每年的歌唱比賽都極精彩，表現優異，有的準備將來組成樂團，進軍樂壇。

因為歌唱得好，有一年，學園十幾位學生被選上在台北國家祈禱會上表演，彈吉他唱歌給數百位嘉賓聽。馬英九總統就坐在離學生三呎之遠的餐桌，因歌音嘹亮，歌詞感人，馬總統似乎深受感動，眼眶泛紅。

少年學園也蓋了一座麵包坊，找師傅來教，為的是讓學生將來能考上丙級烘培執照，可以到麵包店工作或自己開店。

學生在高職也有機車或汽車修護課，雖然現在他們對「黑手」的工作，興趣缺缺，但也有幾位在學園自己蓋的「汽車修護場」學會自己換機油，將來拿到執照後，就不怕沒工作。

在經濟不景氣的時代，學會一技之長，比較不會失業。像會做麵包，景氣再不好也需要吃，麵包店的工作比較不難找。景氣如果差，人買不起新車，就只能修舊車。會汽車修護時，就有工作可以養活自己。

我們有一個學餐飲的學生，現在在台北當餐廳的店長，一方面還在大學進修。他過去在學園時，常跟人打架，屢勸不聽，後來深深覺悟，徹底戒菸又戒鬥，學校校長特地在司令台表揚他的改變。因表現良好，我還帶他去美國很多地方講見證，他也對美國，特別是狄斯奈樂園留下很深刻的印象。

現在很多學校都有辦一些技訓課程，且很多元化，幾乎樣樣都有，「行行出狀元」，只要學生用心學，拿到政府核發的執照後，學園都會為他們存一萬元的「創業基金」。

我們附設在桃園的少年之家，這十三年來，在張進益傳道夫婦的努力下，百多位學生，有的生命徹底翻轉，拿過總統教育獎，還有一個孩子拿過十三張執照，像中餐、烘培、word、ppt、影像處理、調飲、記帳士、機汽車修護等等。日後，他找工作一點都不難。

台灣現在也有獨輪車的教練執照，只要把幾個基本招數學會，像定車、自由上車，就可以由「獨輪車協會」授予證書，憑這張執照，就可以去教課。我們有一個目前在讀大學的孩子，過去在少年觀護所，來了這裡四年後，生命更新變化，他不但回去少年觀護所教騎獨輪車，也到另外五個國中去教學。過去是低著頭進少觀所，現在都被收容的學生尊稱為「老師」。

「賜子千金，不如教子一藝。」一技在身，後福無窮，讀一般高中的普通科或升學班固然好，但今天的社會失業率極高，在「僧多粥少」的情況下，流浪教師滿街跑，博、碩士也因多如過江之鯽，很難找到好工作。而這些知識份子，大多只會教書，但台灣傳統產業要的又不是學問，而是技術。

時代在進步，一技在身，永遠趕得上時代，不會因只懂課本上的字句，到最後，養不起自己，變成「啃老族」，那就不是大家所樂見。

7. 管教要得體

要孩子不壞，第七個條件為「管教要得體」。

管教兒女是一項大學問，要下工夫，教導兒女更要用精神、花時間，多付出愛心。管教不當，太過嚴苛或過於放任、冷漠、虐待、詛咒，甚或期望過高，均易使子女身心受創。美國犯罪學者希利及布爾納（Hesly & Bronner）研究芝加哥及波士頓的犯罪少年時，發現雙親對這些少年均具有拒絕與剝奪關愛的傾向。法務部的〈犯罪狀況及分析〉也指出，青少年犯有七成是因為父母管教不當造成，且管教不當對兒女的傷害可能是一輩子的痛。

管教要講時效，從我多年在監所的教化，以及養育二個兒女的經驗，了解年輕人可塑性高，愈早下工夫愈好。誠如所羅門王的箴言：「教養孩童，使他走當行的道，就是到老，他也不偏離，……趁有指望，管教你的孩子，你的心不可任他死亡。」

沒錯，教導要趁早。

兒女需要管教，但錯誤的管教方式卻是造成青少年偏差行為的最大因素。有個坐牢的孩子告訴我，他爸爸常「修理」他，多次被打得鼻青臉腫，有幾次被摔到去撞牆，撞得眼冒金星，幾乎暈厥。他在忍無可忍下，夥同幾個損友反擊，一起動手殺死父親。

又，曾在少年學園的小錦，他的父母離異，母親改嫁後，繼父管教嚴格，為了督導功課，常對他口出惡言，甚至出手責打，母親若出面阻止也會一起被打。小學五年級時，小錦忍無可忍開始蹺家，在外結交損友，逞凶鬥狠，偶爾回家一趟，被發現時又再毒打一頓。家既待不下去，乾脆依賴幫派大哥生活，直到十五歲犯下殺人未遂罪，被捕入獄時，才結束在外流蕩六年的生活。

他的保護官用心良苦，十五歲那年，小錦來到少年學園，讓他享受到關愛及家的感覺。經過一段時間學習，二〇〇六年中秋節，我們讓他放假回家團圓。

在家裡，親戚向小錦敬酒，他卻以汽水代替；別人抽菸、嚼檳榔，他一口也不碰。看在親友的眼裡，大家直覺這個過去菸酒都來的小錦變了，而且還「容光煥發」呢！時近黃昏就快收假，小錦在客廳看電視，繼父突然坐到他身邊，抓著他的手對他說：「凱凱（小錦的乳名），對不起，我虧欠你太多。」說著說著就開始飲泣。小錦嚇了一跳，因為他從未見過繼父哭泣。繼父又繼續說：「對不起，凱凱，我以前打你、罵你，爸爸真的對不起你。」

小錦聽繼父連連說幾次「對不起」也難過地哭了。媽媽在旁見狀深受感動，也過來哭成一團。

從此，小錦與親人的關係修和。為了獎勵他，我帶他去美國宣教，對之前從未出國的小錦來說，簡直是生命中的奇蹟。

爸爸，我以前常惹您生氣，但每當我看到您生氣時，就覺得很心酸、很害怕，因為您過度打罵，使我害怕而逃家。

爸爸，媽媽過世了，您卻依舊把我們養大，單為這事就值得我們感恩。可是您對我們的管教方式不一樣，您期望孩子乖巧聽話、上進懂事、成績優秀、功課一流，可是我做不到，您就又打、又罵……，爸爸，您愛我們的方式使我們害怕，所以我選擇了逃離！我知道這是不對的，但我沒有別的辦法啊！

這是學員的心聲。

功課不好就打、不聽話就罵，打罵教育已證明並不能使孩子變乖、變聰明。不要對待兒女像管奴隸，動輒拳打腳踢或羞辱一番。印度的德蕾莎修女（Mother Teresa）說：「愛到『疼』為止。」閩南話把「愛」讀作「疼」是有道理的，愛不是叫兒女受皮肉之苦，而是自己也要愛到疼。

不可否認，當代的父母也很難為，辛辛苦苦賺錢養家，孩子不知父母恩，常受媒體及世風影響，有樣學樣，養成頂嘴回話的壞習慣。但是，社會各個角落又充斥著五光十色的誘惑與陷阱，父母如果沒有用心的參與或指導，孩子很容易就隨波逐流。

管教過於嚴苛固然有罪，寵溺更是有害。現代家庭子女少，父母或祖父母有時疼惜過甚，鬆多於嚴，以致小孩子從小養成「小皇帝」的性格，長大後出入社會，EQ常出問題，誰都難與之相處。

管教最重要的是「不亂發脾氣」。很多父母常有意無意地藉管教發洩自己的情緒，把兒女當「出氣筒」。管教時一定要控制脾氣，因發脾氣對兒女所造成的傷害，會反彈傷到自己，父母終究有一天要受兒女的氣。

我曾在看守所輔導過的一名死刑犯陳×海，因涉及擄人撕票被判死刑的年輕人，他內心裡有極嚴重的傷害。國小期間父親嗜賭如命，賭輸回家就藉故發洩情緒，打老婆、孩子，拿不到錢就把他倒吊起來毒打。媽媽不忍心拿錢出來，父親出門後她才敢把兒子放下來。反覆毒打幾年後，他十四歲時，父親四十多歲過世，他說：「我爸爸死的時候，我一滴淚眼也沒有掉。」他們父子之間已無感情可言。

他後來國中輟學開始學壞，因擄人勒贖撕票被處死刑，與陳進興同一夜被槍決，死時不到三十歲。皮肉之傷日久可以彌合，心靈的傷害有時永難痊癒。槍決前，他對父親的恨仍然無法釋懷。

不過，萬一孩子已出差錯，也不要灰心，繼續努力，讓孩子了解父母的苦心，總有機會挽回的。

8. 絕不放棄孩子

要孩子不壞，第八個條件為「絕不放棄孩子」。好的父母也不一定能完全掌握兒女的行為，遇兒女行為有偏差時不必反應過度，試著繼續予以關心，給他們一點時間成長，他們會「浪子回頭」的。

在《聖經》「浪子回頭」的故事裡，父親看到遊蕩在外的小兒子回家，人尚在遠處，就迫不及待地跑去與邋遢不堪的兒子擁吻。等兒子脫去襤褸的衣服，穿上高貴的袍子與鞋子，再戴上戒指後，即吩咐僕人挑隻肥牛犢宰來宴客與親友同樂，因為他很高興小兒子「失而復得，死而復活」。

有這種寬宏大量的父親，既不計前惡又全然接納，難怪兒子離家出走成了浪子，經歷窮苦潦倒，省悟過來想回頭時，還有機會因父親不變的愛，生命重新來過。

「浪子回頭」的故事與近代犯罪學探討的悔改理論內涵不謀而合。人想脫離罪惡，不再犯罪，必須具備三個條件（３Ｓ），這三樣浪子都做到了。

第一要有「強烈動機」（strong motivation）：浪子分走父親的家業，跑到遠方任意放蕩浪費錢財；窮苦潦倒時才醒悟過來。他對自己說：「我要起來，到父親那裡，認錯悔改，說我得罪了上帝，又得罪了你。」

受刑人想脫離罪的淵藪，一定要有憂患意識。有人關了幾年或幾回就灰心喪志，自甘墮落。哀莫大於心死，事實上，「一枝草，一點露，天無絕人之路」，只要有動機想改，就有機會重新站起來。努力想改變自己，就會被人瞧得起；若不想改連神仙也救不了。

第二碰到「特殊事件」（special events）：浪子經歷飢荒，投靠養豬戶，想拿豬吃的豆莢充飢，雇主竟然不許，他餓得要死，人生已走到山窮水盡。然而，人的盡頭正是上帝的起頭，他的回轉，正是絕處逢生的最佳見證。

有些受刑人因為愛他的父母突然過世，心裡受刺激，因而幡然悔悟；有些人聽說同夥一手拿槍一手拿錢袋，最終卻被警察格斃，因而金盆洗手棄惡從善。有特別的刺激，就有特別的反應，經一事長一智，經歷使人變得聰明。看重實際搞清狀況，就不會空思夢想重蹈覆轍。

第三遇到「重要第三者」（significant others）：就是遇到「貴人」。當浪子苦不堪言決定要回家時，他立即付諸行動。離家門尚遠，父親看見他就動了慈心，急忙跑過去抱他、親他，再把上好的袍子、戒指、鞋子拿出來妝扮他，又宰殺肥牛犢，與親友一起慶賀。父親就是這浪子的貴人，有貴人才有浪子回頭故事的完美結局。

「犯錯」是人生的軟弱，人非聖賢孰能無過。因此，對於曾經迷失過的子女，我們需要予以無條件的接納，只有責備咒罵，他們難以振作，只會更加消沉。為他們祝福，無條件地饒恕他們，才能真正療傷止痛。

所以，做任何事情只要全力以赴，就有成功的希望，對待孩子也是如此。不停的提醒、導正孩子，給他們榜樣、不放棄，就有可能看到好結果。一個老師輔導不夠好，換另一個老師帶；這個環境不適合，再換另一個環境試試。多嘗試幾次總能找到好方法，再怎麼頑劣的孩子也總有頑石點頭的一天。

「未到最後一秒鐘，絕不輕言放棄。」是我的柔道老師以前對我們的諄諄叮嚀，這句話用在任何時地和人事物都極適宜。萬一孩子一時走偏，別放棄，多一點愛、多一點耐心，就能預防犯罪，化莠為良，使浪子回頭；相對的，當人願意悔改，而你有機會也願意扮演孩子的貴人時，說不定就會有神蹟奇事發生。

誌謝

時光易逝，歲月無情，我們夫婦自美國回台服務已廿六載，我從黑髮做到白髮，只做三件事：

一、犯罪預防（prevention）

二、犯罪矯治（correction）

三、犯罪修復（reparation）

如今，年歲已逼近「從心所欲而不逾矩」的七十高齡，出書是何意義？

當然是希望把這一生所學、所經歷的，提供社會大眾或後世的人參考。或者給人一絲啟示，幫助一些人或幾個家庭，看見希望，或看到許多既存的問題仍有解決的方法，這樣，這本書就有價值。

能出書，要感謝我內人許馨潔，願意帶著兩個稚子，和我遠從住慣十七年的美國搬回台灣，服務社會，讓我可以經歷在美國從未有過的人、事、物。其實，妻的文章寫得比我好，但她不打擾我寫作，有時還會幫我潤稿，是賢內助，毋庸置疑。

也謝謝更生團契在全台各地近百位同工，及數百位志工的配搭事奉，有他們的努力付出，我才得親眼目睹一些人性改變的奇蹟，而將之記錄下來傳遞出去。而為我寫推薦文的有幾位是長輩，像孫越叔叔等，他們都有親自與我一同入監教化的經歷，感謝他們過去多年的擺上。

另外有的雖非跑第一線，但他們的愛心都有參與在更生的事工上，像「救傳」的善群兄，他們免費贈送的英文雜誌，就幫助了獄中許多人。連過去在法院上班的盧蘇偉觀護人，雖是政府官員，也都心甘情願地多次從台北跑到花蓮來指導。一起籌辦，並完成千里環島的活動，更不用贅述了。

更謝謝基督教論壇報社長鄭忠信兄的獨到眼光，提議出書，且他媒體人的嗅覺非常靈敏，一語定江山，書名「白髮飛行少年」真是神來之筆，至今，我仍覺稀奇。

感謝出版社之琬、阿青等人來回奔波，為了內容及照片能整理得更完整，能順利出書，他們功不可沒。

也感謝陳錦昌兄為我的書找到許多史料，佐證我部分的內容。他也細心整理我過去多年分散發表在報章雜誌的文字，並且加以分類潤飾，花了不少功夫，願上帝也賜福他的家庭。

最後，感謝在我們辦公室的瑛珠、愛玲等幾位姐妹，幫忙聯絡安排、打字，及找尋塵封的相片。她們在團契同工同心服事十幾年，忠心耿耿，從未有怨言。

「凡事謝恩」是我多年從《聖經》領受的教導。一切都有神最好的安排和美意，事情才得以成就。「祂說成就成，命立就立。」未來，不管這書「賣相」如何，我都會很感恩。

只盼望有更多的人得到幫助，得到基督愛的救贖，特別是「非行少年」，能轉敗為勝，變成「飛行少年」。那麼，所有的人為出書擺上的勞苦，都已值得，上帝也都會報償紀念。

基督教更生團契黃明鎮

寫於主後二〇一四年三月九日

國家圖書館出版品預行編目資料

白髮飛行少年 / 黃明鎮著. -- 初版. -- 臺北市：啓示出版：家庭傳媒城邦分公司發行,
2014.04
面； 公分. -- (智慧書系列 ; 9)

ISBN 978-986-7470-88-1(平裝)

1.親職教育

528.2 103004160

智慧書系列9

白髮飛行少年：台灣後山的心靈捕手

作　　者 / 黃明鎮
文字整理 / 陳錦昌
授 權 人 / 財團法人基督教論壇基金會
企畫選書 / 彭之琬
總 編 輯 / 彭之琬
責任編輯 / 彭之琬、李詠璇

版　　權 / 黃淑敏、吳亭儀
行銷業務 / 何學文、莊晏青
總 經 理 / 彭之琬
發 行 人 / 何飛鵬
法律顧問 / 台英國際商務法律事務所羅明通律師
出　　版 / 啓示出版
台北市104民生東路二段141號9樓
電話：(02) 25007008　傳眞：(02)25007759
E-mail:bwp.service@cite.com.tw
發　　行 / 英屬蓋曼群島商家庭傳媒股份有限公司 城邦分公司
台北市中山區民生東路二段141號2樓
書虫客服服務專線：02-25007718；25007719
服務時間：週一至週五上午09:30-12:00；下午13:30-17:00
24小時傳眞專線：02-25001990；25001991
劃撥帳號：19863813；戶名：書虫股份有限公司
戶名：英屬蓋曼群島商家庭傳媒股份有限公司城邦分公司
訂購服務 / 書虫股份有限公司客服專線：（02）2500-7718；2500-7719
服務時間：週一至週五上午09:30-12:00；下午13:30-17:00
24時傳眞專線：（02）2500-1990；2500-1991
劃撥帳號：19863813 戶名：書虫股份有限公司
讀者服務信箱：service@readingclub.com.tw
城邦讀書花園：www.cite.com.tw
香港發行所 / 城邦（香港）出版集團有限公司
香港灣仔駱克道193號東超商業中心1樓；E-mail：hkcite@biznetvigator.com
電話：(852) 25086231　傳眞：(852) 25789337
馬新發行所 / 城邦（馬新）出版集團 Cite (M) Sdn. Bhd.
41, Jalan Radin Anum, Bandar Baru Sri Petaling, 57000 Kuala Lumpur, Malaysia.
Tel: (603) 90578822 Fax: (603) 90576622 Email: cite@cite.com.my

封面設計 / 李東記
封面攝影 / 翁曉柔
排　　版 / 極翔企業有限公司
印　　刷 / 城邦印書館股份有限公司
經 銷 商 / 高見文化行銷股份有限公司、華宣出版有限公司

■2022年7月7日初版五刷　Printed in Taiwan
定價300元

城邦讀書花園
www.cite.com.tw

 ISBN 978-986-7470-88-1

廣　告　回　函
北區郵政管理登記證
北臺字第000791號
郵資已付，免貼郵票

104　台北市民生東路二段141號2樓

英屬蓋曼群島商家庭傳媒股份有限公司城邦分公司　收

請沿虛線對摺，謝謝！

書號：1MD009	書名：白髮飛行少年

請於此處用膠水黏貼

啟示出版 Apocalypse Press

讀者回函卡

感謝您購買我們出版的書籍！請費心填寫此回函卡，我們將不定期寄上城邦集團最新的出版訊息。

姓名：＿＿＿＿＿＿＿＿＿＿＿＿＿＿ 性別：☐男 ☐女

生日：西元＿＿＿＿＿年＿＿＿＿＿月＿＿＿＿＿日

地址：＿＿＿＿＿＿＿＿＿＿＿＿＿＿＿＿＿＿＿＿

聯絡電話：＿＿＿＿＿＿＿＿＿＿ 傳真：＿＿＿＿＿＿＿＿

E-mail ：

學歷：☐ 1. 小學 ☐ 2. 國中 ☐ 3. 高中 ☐ 4. 大學 ☐ 5. 研究所以上

職業：☐ 1. 學生 ☐ 2. 軍公教 ☐ 3. 服務 ☐ 4. 金融 ☐ 5. 製造 ☐ 6. 資訊
☐ 7. 傳播 ☐ 8. 自由業 ☐ 9. 農漁牧 ☐ 10. 家管 ☐ 11. 退休
☐ 12. 其他＿＿＿＿＿＿＿＿＿＿＿＿＿＿＿＿

您從何種方式得知本書消息？

☐ 1. 書店 ☐ 2. 網路 ☐ 3. 報紙 ☐ 4. 雜誌 ☐ 5. 廣播 ☐ 6. 電視
☐ 7. 親友推薦 ☐ 8. 其他＿＿＿＿＿＿＿＿＿＿＿＿

您通常以何種方式購書？

☐ 1. 書店 ☐ 2. 網路 ☐ 3. 傳真訂購 ☐ 4. 郵局劃撥 ☐ 5. 其他＿＿＿＿

您喜歡閱讀那些類別的書籍？

☐ 1. 財經商業 ☐ 2. 自然科學 ☐ 3. 歷史 ☐ 4. 法律 ☐ 5. 文學
☐ 6. 休閒旅遊 ☐ 7. 小說 ☐ 8. 人物傳記 ☐ 9. 生活、勵志 ☐ 10. 其他

對我們的建議：＿＿＿＿＿＿＿＿＿＿＿＿＿＿＿＿＿＿＿＿

＿＿＿＿＿＿＿＿＿＿＿＿＿＿＿＿＿＿＿＿

＿＿＿＿＿＿＿＿＿＿＿＿＿＿＿＿＿＿＿＿

請於此處用膠水黏貼